4차 개정판

어린이 훈민정음

기초 문법

4-1

띄어쓰기

발음

맞춤법

4차 개정판 어린이 **훈민정음**

| 독서 | 질문을 만들며 책을 읽어요 | 5 |

그림 보고 낱말 맞히기 · 책을 읽기 전에 질문을 만들어요 · 무슨 낱말일까요?

1과 깊이 있게 읽어요(1) ································· 8

바다 생물 · 사이시옷 · 누구일까요? · 꾸며 주는 말 · 같은 소리, 다른 뜻 · 비슷한말
'껍질'과 '껍데기' · 십자말풀이

2과 깊이 있게 읽어요(2) ································ 18

무슨 물건일까요? · 흉내 내는 말 · 무슨 낱말일까요? · 바르게 읽어요 · 무슨 뜻일까요?
낱말 뜻풀이 · 바르게 쓰기 · 원고지 쓰기

3과 서로 다른 의견(1) ································· 28

-용 · 토의 절차 · 꾸며 주는 말 · 다듬은 말 · 환경 보호 · 낱말 뜻풀이 · 띄어쓰기 · 십자말풀이

4과 서로 다른 의견(2) ································· 37

포함하는 낱말 · '등교'와 '개교' · 과학 기술 · 무슨 낱말일까요? · 같은 소리, 다른 뜻 · 국가유산
비슷한말, 반대말 · 원고지 쓰기

5과 자세하게 살펴요(1) ································ 46

한식 · -적 · 비슷한말 · 반대말 · 준말 · 꾸며 주는 말 · 바르게 쓰기

6과 자세하게 살펴요(2) ································ 55

그림 보고 낱말 맞히기 · 필기도구 · 낱말 뜻풀이 · 무슨 낱말일까요? · 포함하는 말, 포함되는 말
동작을 나타내는 말 · '자국'과 '자극' · 원고지 쓰기

| 매체 | **인터넷에서 자료를 찾아요** | 64 |

인터넷 · 비슷한말, 반대말 · 무슨 낱말일까요?

| 7과 | **뜻을 파악하며 읽어요(1)** | 68 |

질병 · 무슨 뜻일까요? · 글자의 짜임과 국어사전에 낱말이 실리는 차례 · 복수 표준어
같은 소리, 다른 뜻 · '다르다'와 '틀리다' · 바꾸어 쓰기 · 바르게 쓰기

| 8과 | **뜻을 파악하며 읽어요(2)** | 77 |

자연재해 · 무슨 낱말일까요? · -스럽다 · 비슷한말, 반대말 · 다의어 · 낱말 뜻풀이
'이'와 '히' · 원고지 쓰기

| 9과 | **말과 글로 전하는 생각(1)** | 86 |

그림 보고 낱말 맞히기 · 감정을 나타내는 말 · 무슨 낱말일까요? · 외국에서 들어와 쓰이는 말
토박이말 · 흉내 내는 말 · 비슷한말, 반대말 · 바르게 쓰기

| 10과 | **말과 글로 전하는 생각(2)** | 95 |

새 · 독서 감상문을 써요 · 꾸며 주는 말 · '한참'과 '한창' · 날짜 세기 · 바꾸어 쓰기 · 동물의 분류
무슨 뜻일까요? · 원고지 쓰기

| 11과 | **경험을 표현해요(1)** | 104 |

해설 · 끝말잇기 · 흉내 내는 말 · 이어 주는 말 · 비슷한말 · 바르게 쓰기

| 12과 | **경험을 표현해요(2)** | 112 |

음식을 만들 때 쓰는 물건 · 꾸며 주는 말 · 무슨 낱말일까요? · 같은 소리, 다른 뜻
맛을 표현하는 말 · 수를 세는 말 · 낱말 뜻풀이 · 원고지 쓰기

부록 · 정답과 해설

" 말이 오르면 나라도 오르고,
　말이 내리면 나라도 내리나니라.

　문명 강대국은 모두
　자국의 문자를 사용한다. "

- 주시경

독서 질문을 만들며 책을 읽어요

1 그림 보고 낱말 맞히기

 그림과 설명을 보고 빈칸에 알맞은 낱말을 쓰세요.

(1)  책 맨 앞뒤의 겉장.

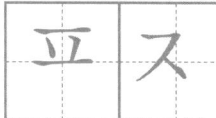

(2)  우리나라 동쪽 끝에 있는 섬. 동도, 서도와 그 주변의 작은 섬들로 이루어져 있다.

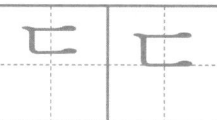

(3)  어떤 글을 적은 작은 종이.

(4)  바람을 막거나 무엇을 가리거나 꾸미기 위해 방 안에 펼쳐 세워 놓는 물건.

2 책을 읽기 전에 질문을 만들어요

 빈칸에 알맞은 낱말을 넣어 책을 읽기 전에 할 행동을 완성하세요.

(1) 책의 　ㅈ　ㅁ　을 보고 질문을 만들어 봅니다.

* 책, 글, 노래, 그림 등에서, 그것을 대표하거나 내용을 보이기 위해 붙이는 이름.

(2) 책의 　ㅊ　ㄹ　를 보고 질문을 만들어 봅니다.

* 책의 앞부분에 그 책의 주요 내용 등을 쪽수와 함께 순서대로 늘어놓은 것.

(3) 책 속 　ㄱ　ㄹ　을 보고 질문을 만들어 봅니다.

* 선이나 색을 써서 사람, 사물, 풍경 등을 종이, 천 등에 나타낸 것.

(4) 글을 　훑　어　 읽고 질문을 만들어 봅니다.

* 한쪽부터 시작하여 전체를 살펴.

(5) 책과 관련한 질문을 만들고 답하며 내용을 　짐　작　해　 봅니다.

* 상황을 보고 미루어 생각해.

3 무슨 낱말일까요?

✏️ 빈칸에 알맞은 낱말을 넣어 문장을 완성하세요.

(1) 평소에 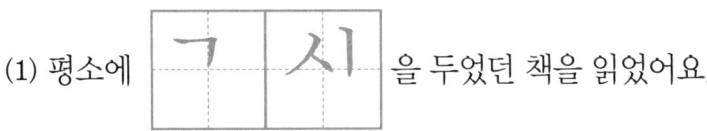 을 두었던 책을 읽었어요.

　* 어떤 것에 끌리는 마음.

(2) 민정이는  이 많은 아이예요.

　* 새롭고 신기한 것을 좋아하거나 모르는 것을 알고 싶어하는 마음.

(3) 삼촌은 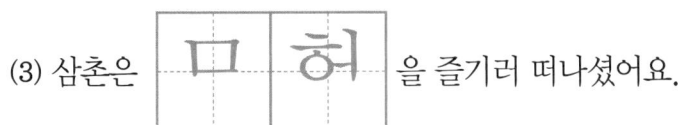 을 즐기러 떠나셨어요.

　* 위험을 각오하고 하는 일.

(4) 경찰은 사건 해결의  를 찾기 위해 최선을 다하고 있어요.

　* 문제를 해결하는 데에 도움이 되는 사실.

(5) 책을 읽고 나서 내용을 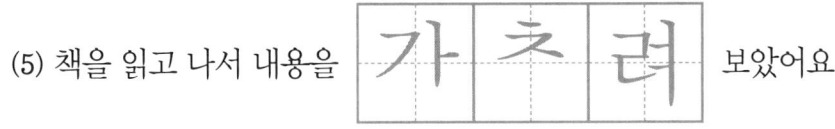 보았어요.

　* 글 등에서 중요한 점만을 골라 간단하게 정리해.

제 1 과 깊이 있게 읽어요(1)

1 바다 생물

 다음 그림과 설명에 알맞은 바다 생물의 이름을 빈칸에 쓰세요.

(1)

조개의 한 종류. 껍데기는 검은 갈색, 살은 붉은색이다. 주로 바위에 붙어 산다.

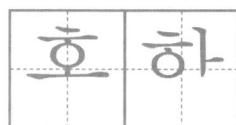

(2)

몸은 주로 투명하고, 말랑말랑한 동물. 둥근 몸 아래에는 독침이 있는 감각 기관이 여러 개 늘어져 있다.

(3)

원통 모양의 몸에 가느다란 감각 기관이 여러 개 달려 있는 동물. 주로 바위에 붙어 산다.

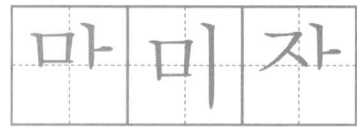

(4)

단단한 몸에, 다리가 10개 달린 동물. 몸 양쪽의 집게발이 크며, 더듬이가 무척 길다. 랍스터라고도 한다.

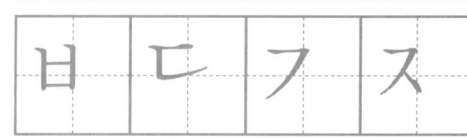

2 사이시옷

두 낱말이 합쳐지면서 둘 사이에 시옷이 붙기도 하는데, 이것을 '사이시옷'이라고 합니다. 동그라미 속 자음으로 시작하는 두 말을 합쳐 알맞은 낱말을 쓰세요.

(1) ㅎ 일정한 시간 뒤나 어떤 일 다음. ＋ ㄴ 어느 특정한 하루.

오늘은 우리가 이렇게 헤어지지만 ☐☐ 꼭 다시 만나자.

(2) ㅎㄹ 한 낮과 한 밤이 지나는 동안. ＋ ㅂ 해가 져서 어두워진 때부터 다음 날 해가 뜨기 전까지의 동안.

여기서 ☐☐☐☐ 만 자고 갈 수 있을까요?

(3) ㅁㅇ 동물이 살아가기 위해 먹어야 할 것. ＋ ㄱ 도구, 물건, 사람, 재료의 뜻을 나타내는 말.

☐☐☐ 을 놓친 사자가 힘없이 앉아 있어요.

(4) ㅁㅈㄱ 공중의 물방울이 햇빛을 받아 나타나는 반원 모양의 일곱 빛깔 줄. ＋ ㅂ 물체가 흡수하거나 반사하여 나타내는 빛깔.

밤에 본 길거리는 ☐☐☐☐ 으로 반짝였어요.

3 누구일까요?

 다음 그림과 글에서 설명하는 사람을 빈칸에 알맞게 쓰세요.

(1)

글씨를 잘 쓰기로 이름난 사람.

(2)

어떤 분야의 학문을 익혀 전문 자격을 받은 사람.

(3)

군부대에서 자신이 맡은 곳을 잘 살피고 지키는 일을 맡은 병사.

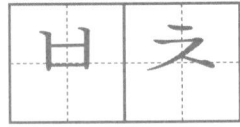

(4)

허가를 받지 않고 몰래 사냥하는 사람.

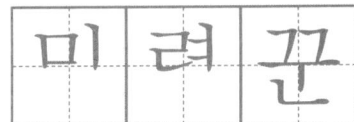

✏️ **빈칸에 알맞은 사람을 넣어 문장을 완성하세요.**

(5) 어느 마을에 커다란 나무를 가진 [여 가] 이 살았어요.

* 나이가 많은 남자.

(6) 그 [초 ㄱ] 은 마을에서 힘이 가장 셌어요.

* 결혼하지 않은 성인 남자.

(7) 제자는 [ㅅ ㅅ] 을 보고 배우는 사람이에요.

* 자기를 가르쳐서 이끌어 주는 사람. 예 선생님

(8) 어머니, [ㅅ ㅈ] 는 공부를 마치고 돌아왔습니다.

* 아들이 부모에게 자기를 낮추어 이르는 말.

(9) 김구 선생님은 우리 민족의 [여 ㅇ] 이세요.

* 지혜와 재능이 뛰어나고 용감하여 보통 사람이 하기 어려운 일을 해내는 사람.

(10) 무슨 일이든 천천히 해서 제 별명은 [ㄴ ㄹ ㅂ] 가 되었어요.

* 행동이 느리거나 게으른 사람을 낮추어 이르는 말.

제1과 깊이 있게 읽어요(1) 11

4 꾸며 주는 말

✏️ 빈칸에 꾸며 주는 말을 알맞게 넣어 문장을 완성하세요.

(1) 호랑이가 사슴 가족을 　모 　뜨　 잡아먹었어요.

　　* 있는 것을 빠짐없이 모두.

(2) 늑대가 무섭다고 　ㅁ 　냐　 집에만 있을 수는 없어요.

　　* 언제까지나 계속해서.

(3) 그 사람이 　지 　저　 천재라면 이 문제를 못 풀 리 없어요.

　　* 틀림없이 진짜로.

(4) 제가 　ㅁ 　ㅊ　 질문을 마치기도 전에 성은이가 대답했어요.

　　* 아직 거기까지 다다르도록.

(5) 　무 　ㄹ　 저도 잘못했지만, 그 애가 먼저 저를 밀었어요.

　　* 말할 것도 없이.

12　훈민정음 4-1

(6) 지우개 가격이 1년 사이에 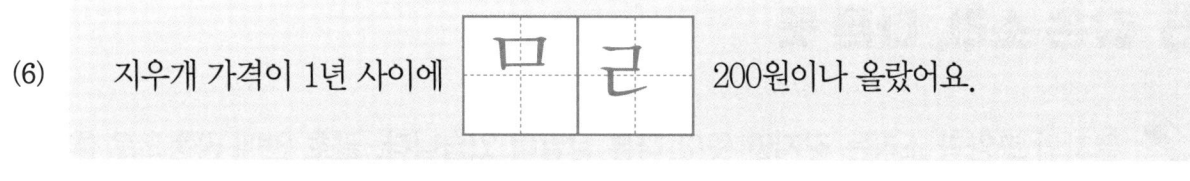 200원이나 올랐어요.

*그 수가 예상보다 상당히 많음을 나타내는 말.

(7) 노을이 지더니 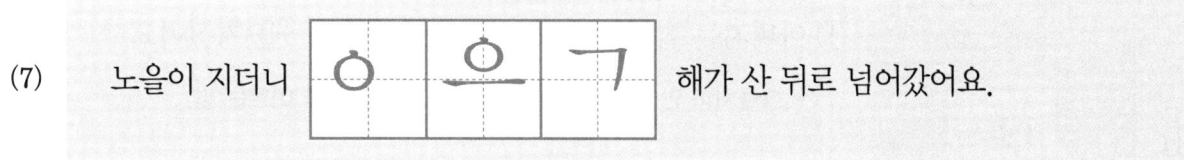 해가 산 뒤로 넘어갔어요.

*얼마쯤 시간이 흐른 뒤에.

(8) 열심히 노력하더니 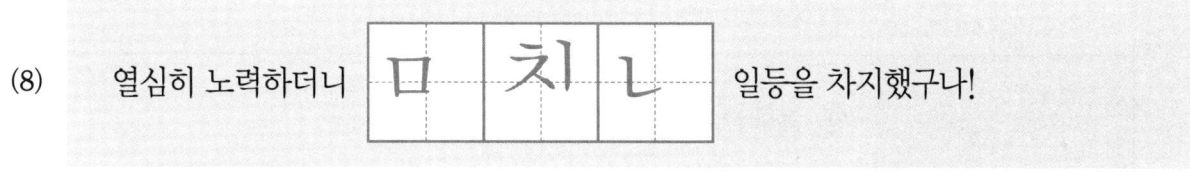 일등을 차지했구나!

*드디어 마지막에는.

(9) 종수는 자리에 앉아 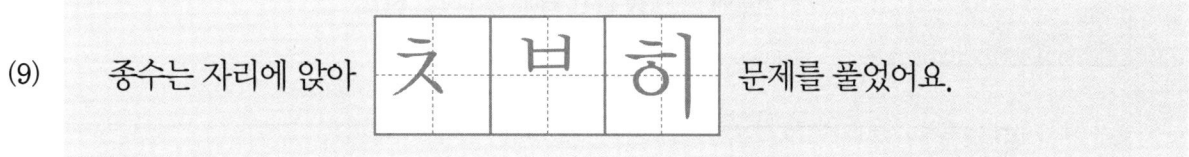 문제를 풀었어요.

*마음이 가라앉아 조용하게.

(10) 우리는 식당에 가서 음식을 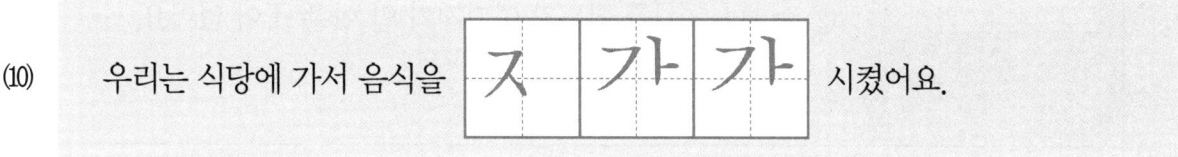 시켰어요.

*저마다 다 따로따로.

(11) 이번에는 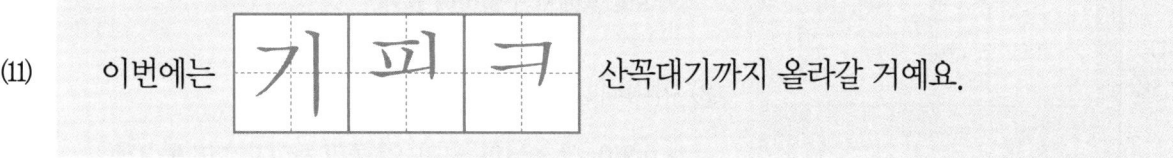 산꼭대기까지 올라갈 거예요.

*틀림없이 꼭.

5 같은 소리, 다른 뜻

글자의 모양과 소리는 같지만 뜻이 다른 낱말이 있습니다. 괄호 안에 공통으로 들어갈 낱말을 빈칸에 쓰세요.

(1) ㅁ
① 아버지는 벌레를 막기 위해 창문에 (　　)을 치셨어요.
* 그물처럼 만들어, 가리거나 늘어뜨리는 물건을 이르는 말.
② 제가 교실에 들어가고 진수가 (　　)을 봤어요.
* 멀리서 상대의 움직임을 살피는 일.

(2) ㄱㄱ
① 놀부는 (　　)의 잘못을 반성했어요.
* 이미 지나간 때.
② 우리 아들이 이번 (　　)에 합격했어요.
* 옛날에, 관리를 뽑기 위해 실시하던 시험.

(3) ㅁㄹ
① 양 (　　)가 이리로 달려오고 있어요.
* 여럿이 함께 모여 있는 떼.
② 어제 (　　)를 했는지 여기저기 안 아픈 곳이 없어요.
* 힘든 일을 억지로 함.

(4) ㄱㄹ게
① 형은 내게 마음에 드는 연필을 (　　) 했어요.
* 여럿 중에서 구별하여 뽑게.
② 어머니는 떡을 (　　) 써셨어요.
* 여럿이 다 높낮이, 크기, 양 등의 차이가 없이 똑같게.

6 비슷한말

 밑줄 친 낱말의 비슷한말을 빈칸에 쓰세요.

(1)
- 현수는 거짓말을 하면 얼굴에 티가 나요.
- 윤정이의 얼굴에 슬픈 ㄱ새 이 가득했어요.

(2)
- 제발 저에게 한 번만 더 기회를 주세요.
- 이 일은 우리가 유명해질 수 있는 ㄱㄱ 가 될 거야.

(3)
- 수경이가 풀밭에서 꽃을 보고 있어요.
- 아이들이 ㅊ워 에서 뛰어놀고 있어요.

(4)
- 저는 어색한 곳에 가면 긴장이 돼요.
- 저는 나서 사람에게도 쉽게 말을 걸 수 있어요.

(5)
- 방 한쪽 구석에 반지가 있었어요.
- 상자 ㄱ투이 에 벌레가 웅크리고 있었어요.

제 1 과   깊이 있게 읽어요(1)   15

7 '껍질'과 '껍데기'

 두 낱말의 뜻풀이를 읽고 알맞은 낱말에 동그라미 하세요.

| 껍질 | : 물체의 겉을 싸고 있는 단단하지 않은 물질. |
| 껍데기 | : 물체의 겉을 싸고 있는 단단한 물질. |

(1) 오빠는 책상에 쳐서 달걀 (껍질 / 껍데기)를 깨뜨렸어요.

(2) (껍질 / 껍데기)을 까니까 군고구마에서 김이 모락모락 피어나요.

| 대군 | : 조선 시대에, 임금의 부인이 낳은 아들을 이르던 말. |
| 대왕 | : 훌륭하고 뛰어난 임금을 높여 이르는 말. |

(3) 세종은 백성을 사랑하고 많은 업적을 남겨 (대군 / 대왕)이라고 불려요.

(4) 임금이 되기 전에 세종은 충녕 (대군 / 대왕)이라고 불렸어요.

| 알갱이 | : 열매나 곡식 등의 알 하나하나. |
| 알맹이 | : 물건의 껍데기나 껍질을 벗기고 남은 속 부분. |

(5) 형은 포도 껍질에서 (알갱이 / 알맹이)를 쏙쏙 잘 빼 먹어요.

(6) 수확이 끝난 논에는 쌀 (알갱이 / 알맹이)가 떨어져 있어요.

8 십자말풀이

 가로 열쇠와 세로 열쇠를 잘 읽고, 빈칸을 채우세요.

	(1) 방	(2)		
		(3)	(4)	
(8)			(5)	마
		(6)		
(7)				

가로 열쇠

(1) 이리저리 헤매어 돌아다님.

(3) 불쾌하고 시끄러운 소리.

(5) 사람에게 나쁜 일이 벌어지게 하거나 사람을 나쁜 길로 유혹하는 귀신. 반 천사

(6) 농사를 짓는 가정.

(7) 헤엄을 치거나 물에서 놀 수 있게 만든 곳.

(8) 물속이나 물가에서 자라는 풀.

세로 열쇠

(2) 큰 수컷 소. 비 수소

(4) 음악을 전문으로 하는 사람. 작곡가, 지휘자, 연주가, 성악가 등이 있다.

(6) 땅, 기구, 가축 등을 갖추고 농사를 짓는 곳.

(8) 물을 퍼서 팔거나 집으로 퍼다 주는 일을 하는 사람.

제1과 깊이 있게 읽어요(1)

제 2 과 깊이 있게 읽어요(2)

1 무슨 물건일까요?

✏️ 설명에 알맞은 낱말을 빈칸에 쓰고, 그 낱말을 나타내는 그림을 찾아 바르게 짝지으세요.

(1) 풀이나 감자, 고구마 등을 캘 때 쓰는 기구.

| ㅎ | ㅁ |

•   • ㉠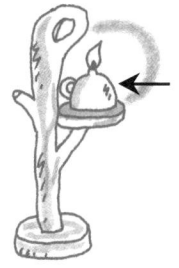

(2) 기름을 담아 불을 켜는 데에 쓰는 그릇.

| ㅎ | 로 |

•   • ㉡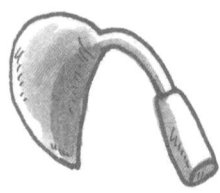

(3) 진흙으로, 위아래가 좁고 가운데가 불룩하게 만든 그릇.

| 하 | ㅇ | ㄹ |

•   • ㉢

(4) 나뭇가지들을 나란히 묶어서 만든 문.

| 사 | 리 | 무 |

•   • ㉣

2 흉내 내는 말

✏️ 빈칸에 흉내 내는 말을 알맞게 넣어 문장을 완성하세요.

(1) 나무가 [　　　　] 잘 자라고 있어요.

　　* 아무 탈 없이 힘차게 잘 자라는 모양.

(2) 응원 소리가 우리 마을에 [　　　　] 울렸어요.

　　* 목소리가 자꾸 크고 높게 울리는 소리나 모양.

(3) 봄바람에 나뭇잎이 [　　　　] 흔들려요.

　　* 물체가 조금 힘없이 늘어져 가볍게 흔들리는 모양.

(4) 동생이 글씨를 [　　　　] 썼어요.

　　* 무엇이 곧지 못하고 이쪽저쪽으로 자꾸 구부러지는 모양.

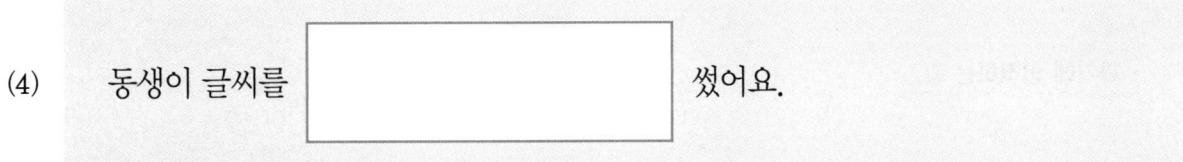

　　쩌렁쩌렁　　삐뚤빼뚤　　무럭무럭　　하늘하늘

3 무슨 낱말일까요?

빈칸에 알맞은 낱말을 넣어 문장을 완성하세요.

(1) 이야기 속 등장인물들이 |가|드| 을 겪는 부분이 무척 흥미로웠어요.

* 소설 등에서, 등장인물이 겪는 다툼, 충돌 등을 이르는 말.

(2) 신하들은 왕을 지키겠다는 |매|ㅅ| 를 어기고 도망쳤어요.

* 약속이나 목표를 꼭 이루겠다고 굳게 정한 마음.

(3) 재중이가 민주를 좋아한다는 소문이 |자|아| 에 쫙 퍼졌어요.

* 수도나 큰 도시를 이르는 말.

(4) 이몽룡은 한양에 올라가 과거에 |ㄱ|ㅈ| 했어요.

* 과거에 합격하는 일.

(5) 지민이는 아버지의 |ㄲ|지|라| 을 듣고 눈물을 흘렸어요.

* 아랫사람의 잘못을 엄하게 지적하는 말.

(6) 마녀는 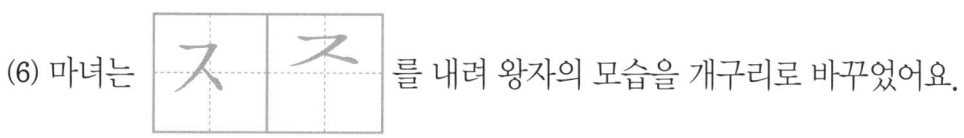를 내려 왕자의 모습을 개구리로 바꾸었어요.

* 남에게 나쁜 일이 일어나도록 빌고 바람. ↔ 축복

(7) 장석이는 물이 뜨겁다며 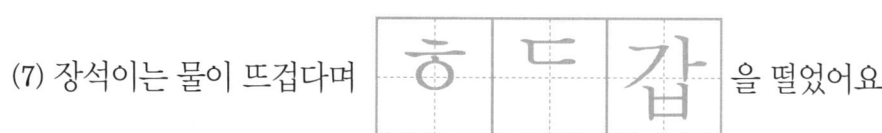을 떨었어요.

* 가볍고 조심성 없이 야단스러운 말이나 행동.

(8) 형은 아침 일찍부터 소들이 먹을 풀을 한 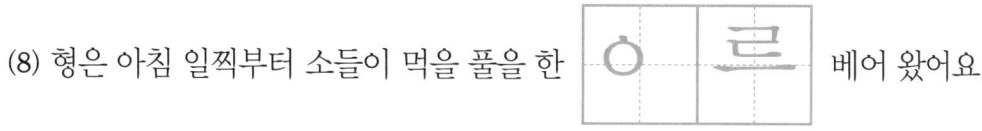 베어 왔어요.

* 두 팔로 둥글게 모아 안을 만한 양을 세는 단위.

(9) 여기에 전시되어 있는 것들은 우리나라 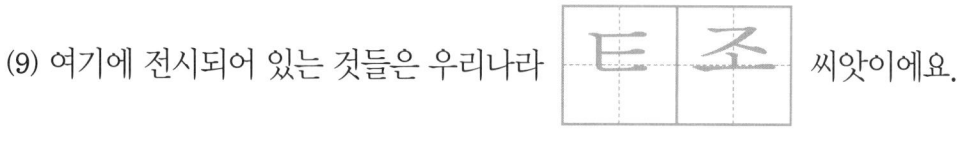 씨앗이에요.

* 원래부터 그곳에서 나는 것.

(10) 음력 11월을 동짓달, 12월을 이라고 해요.

(11) 진흙을 구워 만든 그릇을 옹기, 그 그릇을 만드는 곳을 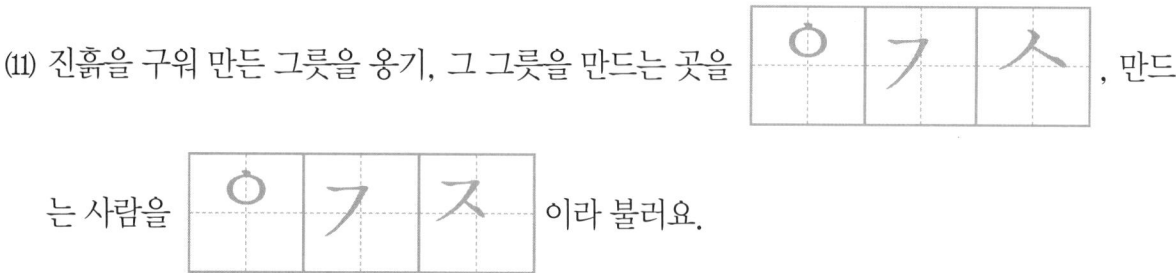, 만드는 사람을 이라 불러요.

4 바르게 읽어요

1. 받침 'ㄷ', 'ㅌ' 뒤에 모음 'ㅣ'가 오면, 각각 [ㅈ], [ㅊ]으로 소리 납니다.
   예) 맏이 [마지], 밭이 [바치]
2. 받침 'ㄷ' 뒤에 '히'가 오면, [ㅊ]으로 소리 납니다.
   예) 굳히다 [구치다]

다음 문장 속 밑줄 친 낱말을 소리 나는 대로 쓰세요.

(1) 굳이 왜 나를 따라오니? [   ]

(2) 우리 가족은 새벽에 일어나 해돋이를 보았어요. [   ]

(3) 이 방문은 옆으로 밀어서 여는 미닫이로 설치해 주세요. [   ]

(4) 너랑 같이 노니까 재미있어. [   ]

(5) 바다는 넓어서 끝이 안 보여요. [   ]

(6) 이 솥이 무척 무거워요. [   ]

(7) 바람이 불어 문이 닫히고 창문이 덜컹거렸어요. [   ]

(8) 여기는 석유가 잔뜩 묻힌 곳이에요. [   ]

> 3. 받침 'ㅌ' 뒤에 모음 'ㅕ'가 오거나 받침 'ㄷ' 뒤에 '혀'가 와도, 'ㅌ'이나 'ㄷ'이 [ㅊ]으로 소리 납니다. 다만, 뒷말을 '여'나 '혀'로 쓰더라도, 소리는 [쳐]가 아니라 [처]로 발음합니다.
> 예) 닫혀 [다쳐] (×), [다처] (○)

✏️ **다음 문장 속 밑줄 친 낱말을 소리 나는 대로 쓰세요.**

(9) 예쁘게 오린 색종이를 스케치북에 붙여 두었어요. [   ]

(10) 찰흙으로 만든 그릇은 그늘에서 굳혀야 해요. [   ]

(11) 농부가 황소에게 받혀 허리를 다쳤어요. [   ]

5 무슨 뜻일까요?

✏️ 밑줄 친 낱말의 뜻을 찾아 번호를 쓰세요.

(1) 사람이 다니지 않은 곳에는 풀이 <u>무성하게</u> 자라 있어요.　　　(　)

　　① 풀이나 나무 등이 잘 자라서 빽빽하게.

　　② 촘촘하지 않고 사이사이가 벌어지게.

　　③ 여럿이 다 가늘거나 작게.

(2) 바람이 부니까 풀잎들이 <u>한들거려요</u>.　　　(　)

　　① 가볍게 이리저리 자꾸 흔들려요.

　　② 바닥으로 쓰러져요.

　　③ 한쪽으로 구부러져요.

(3) 이 <u>괘씸한</u> 녀석, 나에게 거짓말을 하다니!　　　(　)

　　① 꾀가 많고 눈치가 빠른.

　　② 큰 벌을 받을.

　　③ 화가 나고 미운.

(4) 공주는 몇 년 만에 <u>볼품없는</u> 모습으로 나타났어요.　　　(　)

　　① 보기 싫게 더러운.

　　② 겉모습이 초라한.

　　③ 환하게 빛나며 아름다운.

6 낱말 뜻풀이

 빈칸에 알맞은 말을 넣어서 밑줄 친 낱말의 뜻을 풀이하세요.

(1) <u>동구</u> 밖 길가에 벚꽃이 활짝 피었어요.

* 동구: 동네 입구.

(2) 삼촌은 훌륭한 <u>성과</u>를 내셔서 회사에서 큰 상을 받으셨어요.

* 성과: 이루어 낸 결과.

(3) 운동회에서 달리기 일등을 하다니, <u>장하다</u>!

* 장하다: 마음이 흐뭇하고 자랑스럽다.

(4) 친구들의 응원에 <u>힘입어</u> 이 물건을 만들어 낼 수 있었어요.

* 힘입어: 어떤 행동이나 말 등에 용기를 얻어.

(5) 절대 <u>자만하지</u> 않고 더 열심히 노력할게요.

* 자만하지: 잘난 척하며 뽐내지.

7 바르게 쓰기

 밑줄 친 낱말을 바르게 고쳐 쓰세요.

(1) 물고기들이 <u>물쌀</u>을 헤치며 헤엄쳐요.

(2) <u>몇일</u> 뒤 그 마을의 아이들이 모두 사라졌어요.

(3) 민호는 산속을 걷다가 <u>덩쿨</u>에 걸려 넘어졌어요.

(4) 네가 수학 문제를 틀리다니. <u>왠일이니</u>?

(5) 흥부는 제비를 <u>가엾게</u> 생각했어요.

  * 마음이 아플 만큼 불쌍하고 슬프게.

(6) 우리 마을은 산에 <u>둘러쌓여</u> 있어요.

8 원고지 쓰기

 다음 문장을 괄호 안의 횟수만큼 띄워서 원고지에 옮겨 쓰세요.

(1) 하늘에별이셀수없이많아요. (5)

(2) 이미술관에는그림2천여점이전시되어있어요. (6)

(3) 정은이는인사를받는둥마는둥그냥지나쳤어요. (7)

제 3 과 서로 다른 의견(1)

1 -용

> -용(用) : 낱말 뒤에 붙어 '쓰임'의 뜻을 더해 줍니다.
> 예) 연습 + -용 → 연습용(학문이나 기술 등을 되풀이하여 익히는 데에 쓰임)

 뜻풀이를 읽고, 빈칸에 '-용'이 들어가는 낱말을 알맞게 쓰세요.

(1) 한 번만 사용하고 버리는 데에 쓰임.

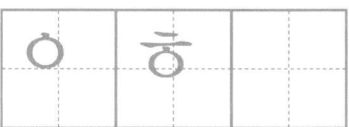

(2) 여러 번 사용하는 데에 쓰임.

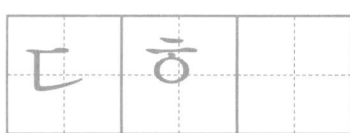

(3) 음식을 만드는 데에 쓰임. 예) 요리용

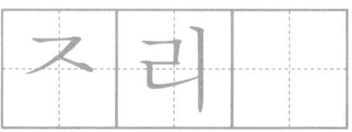

(4) 몸을 보호하는 데에 쓰임.

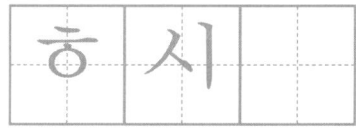

2 토의 절차

 다음은 토의 절차에 대한 설명입니다. 빈칸에 알맞은 낱말을 쓰세요.

(1) 여러 가지 의견이 나올 수 있는 내용으로 토의 ㅈㅈ 를 정해요.

* 대화나 연구 등에서 중심이 되는 문제.

(2) ㄷ밧치하는 이유와 함께 의견을 마련해요.

* 뒤에서 도와 힘을 쓰는.

(3) 모두가 ㅅ처할 수 있는 의견인지 생각해요.

* 생각한 것을 실제로 행동할.

(4) 서로를 ㅈㅈ하며 여러 의견을 모아요.

* 높여 귀중하게 대하며.

(5) ㅈㄷㅈ 을 생각해 가장 적절한 의견을 해결책으로 결정해요.

* 좋은 점과 나쁜 점.

3 꾸며 주는 말

✏️ 빈칸에 꾸며 주는 말을 알맞게 넣어 문장을 자세히 표현하세요.

(1) 수민이는 [ㅁ][ㅊ] 어린아이가 된 듯 엉엉 울었어요.

* 비슷하게.

(2) 매일 놀기만 하면 [ㄱ][여] 행복할까?

* 결과에 있어서도 진짜로.

(3) 경수는 어제 있었던 일을 [새][ㅅ][히] 기억하고 있어요.

* 바로 눈앞에서 보는 것처럼 분명하고 또렷하게.

(4) 말을 [ㅎ][ㅂ][ㄹ] 하지 않도록 주의해요.

* 조심하거나 깊이 생각하지 않고 마음대로 마구.

(5) 원우가 화내지 않고 웃으니까 [ㅇ][ㅎ][ㄹ] 더 무섭게 느껴졌어요.

* 일반적인 기준이나 짐작, 기대와는 전혀 반대되거나 다르게.

4 다듬은 말

✏️ '다듬은 말'은 외국에서 들어와 쓰이는 말을 우리말로 고친 것입니다. 빈칸에 다듬은 말을 알맞게 찾아 쓰세요.

> 자동길   통컵   조리법   그림말   기억상자

(1) 레시피 → 　　　　　

* 음식을 만드는 방법.

(2) 텀블러 → 　　　　　

* 바닥이 평평한 큰 잔.

(3) 이모티콘 → 　　　　　

* 컴퓨터나 휴대 전화의 문자, 기호, 숫자 등을 조합하여 만든 그림 문자.

(4) 타임캡슐 → 　　　　　

* 그 시대를 대표하는 물건 등을 담아서 미래에 전할 목적으로 땅속에 묻어 두는 통.

(5) 무빙워크 → 　　　　　

* 사람이나 물건을 다른 쪽으로 이동시키기 위해 만든 길 모양의 기계 장치.

5 환경 보호

✏️ 빈칸에 알맞은 낱말을 넣어 환경 보호와 관련된 문장을 완성하세요.

(1) 할머니는 주로 | 친 | 환 | 경 | 제품을 사용하세요.

* 자연을 오염하지 않고 자연환경과 잘 어울림.

(2) 약을 함부로 | 폐 | 기 | 하면 환경이 오염돼요.

* 못 쓰게 된 것을 버림.

(3) 우리 집은 음식물 쓰레기를 적게 | 배 | 출 | 하고 있어요.

* 안에서 밖으로 내보냄.

(4) 차 대신 자전거를 타서 | 온 | 실 | 가 | 스 | 발생량을 줄여요.

* 대기를 오염시켜 지구를 뜨겁게 만드는 기체를 통틀어 이르는 말.

(5) | 플 | 라 | 스 | 틱 | 컵을 사용하지 않는 습관을 들여요.

* 열이나 압력을 가해 여러 모양으로 만들 수 있는 물질.

6 낱말 뜻풀이

✏️ **빈칸에 알맞은 말을 넣어서 밑줄 친 낱말의 뜻을 풀이하세요.**

(1) 친구들과 동네에 있는 <u>향교</u>를 방문했어요.

* 향교: 고려 시대와 조선 시대에, 각 지방에 있던 「ㄱ|유」 기관.

(2) 학급 회장에 <u>지원하는</u> 이유는 무엇이니?

* 지원하는: 어떤 일을 하거나 조직에 들어가기를 「ㅂ|ㄹ|는」.

(3) 우리는 동물과 <u>더불어</u> 살아가기 위해서 노력해야 해요.

* 더불어: 어떤 대상과 「하|끼」 조화를 이루어.

(4) 그 가게는 직원을 로봇으로 <u>대체하여</u> 물건을 팔고 있어요.

* 대체하여: 기능이나 능력이 비슷한 다른 것으로 「ㅂ|끼|어」.

(5) 상대방의 의견을 들을 때에는 주장과 근거가 적절한지 <u>비판적</u>으로 생각해요.

* 비판적: 옳고 그름을 「파|ㄷ」 하거나 잘못된 점을 지적하는 것.

제 3 과 서로 다른 의견(1) 33

7 띄어쓰기

다음 낱말은 띄어 쓰는 때와 붙여 쓰는 때가 있습니다.

만큼   대로   뿐

- 띄어 쓰는 때: '-ㄴ', '-ㄹ'로 끝나는 꾸미는 말 뒤.
  예) 할 만큼 했어.   나는 그저 시키는 대로 했을 뿐이야.

- 붙여 쓰는 때: ① 사람이나 사물의 이름을 나타내는 낱말 뒤.
  예) 너는 너대로 해.   사탕만큼 맛있다.
  ② 수를 나타내는 낱말 뒤.
  예) 여기에는 우리 둘뿐이야.

 괄호 안의 횟수만큼 띄어 써야 할 곳에 V표 하세요.

(1) 나도어머니만큼요리를잘하고싶다. (4)

(2) 이곳에서나보다키가큰사람은셋뿐이다. (5)

(3) 책은책대로연필은연필대로가지런히놓았다. (5)

(4) 서로얼굴만쳐다볼뿐아무도말하지않았다. (6)

(5) 들던대로서영이는그림을놀랄만큼잘그렸다. (7)

수를 적을 때에는 '만(10,000)' 단위로 띄어 씁니다.
  例 1,234,567,891 : 십이억 삼천사백오십육만 칠천팔백구십일

아라비아 숫자와 함께 적을 때에도 '만' 단위로 띄어 씁니다.
  例 1,234,567,891 : 12억 3456만 7891

✏️ **다음 수를 띄어쓰기에 맞게 적으세요. 아라비아 숫자와 함께 적을 때에는 '억'과 '만'만 한글로 쓰세요.**

(6) 9,876 →

(7) 23,456 →

(8) 24,242,242 →

(9) 456,789,213 →

(10) 3,456,789,321 →

8 십자말풀이

가로 열쇠와 세로 열쇠를 잘 읽고, 빈칸을 채우세요.

	(1) 애		(7)	(6)
(2)				
			(5)	
		(4)	복	
(3)				

가로 열쇠

(2) 사물과 사물 사이의 비슷한 점, 차이점 등을 살피는 일.

(3) 풀, 나무 등을 나란히 묶어서 집 등을 둘러막는 물건.

(4) 남의 나라를 쳐들어가서 복종시킴.

(5) 한 방향으로 나아가던 것이 다른 물체에 부딪쳐서 나아가던 방향을 반대로 바꾸는 현상.

(7) 사람, 사물, 풍경 등을 사진이나 영화로 찍음.

세로 열쇠

(1) 남에게 귀엽게 보이려는 태도.

(2) 동그랗게 부푼 비누 거품.

(4) 흐트러지거나 혼란스러운 상태에 있는 것을 한데 모으거나 치워서 질서 있는 상태가 되게 함. 비 정돈

(5) 같은 일을 되풀이함.

(6) 자격을 가지고, 과학적으로 식사의 영양을 관리하는 사람.

제 4 과 서로 다른 의견(2)

1 포함하는 낱말

✏️ 아래 낱말 가운데 하나가 나머지 낱말들을 포함합니다. 그 낱말에 ○표 하세요.

(1)
① 피자   ② 짬뽕   ③ 음식
④ 김밥   ⑤ 잡채

(2)
① 한국   ② 스위스   ③ 호주
④ 브라질   ⑤ 나라

(3)
① 움직이다   ② 날다   ③ 달리다
④ 헤엄치다   ⑤ 걷다

(4)
① 운동화   ② 실내화   ③ 신발
④ 구두   ⑤ 장화

(5)
① 원숭이   ② 동물   ③ 개
④ 코끼리   ⑤ 개미

2 '등교'와 '개교'

 낱말 풀이를 읽고, 괄호 안에 알맞은 낱말을 넣어 문장을 완성하세요.

교(校) '학교'라는 뜻.
- 등교 : 학생이 학교에 감.
- 개교 : 학교를 새로 세워 업무를 시작함.

---

(1) 우리 학교는 올해로 (　　　　)한 지 30년이 되었어요.

(2) 준성이는 준비물을 잘 챙겨서 (　　　　)했어요.

관(觀) '보다'라는 뜻.
- 관람 : 연극, 영화, 운동 경기, 미술품 등을 구경함.
- 관광 : 다른 지방이나 다른 나라에 가서 풍경 등을 구경함.

---

(3) 야구 경기를 (　　　　)하기 위해서 표를 샀어요.

(4) 우리는 독도를 (　　　　)하려고 배에 올라탔어요.

자(者) '사람'이라는 뜻.
- 사회자 : 모임 등에서 진행을 맡아보는 사람.
- 참가자 : 모임이나 어떤 일에 들어가 함께하는 사람.

---

(5) 이번 글짓기 대회의 (　　　　)는 모두 50명이었어요.

(6) 은지는 토의 시간에 (　　　　)에게 말할 기회를 얻어 의견을 발표했어요.

3 과학 기술

✏️ **빈칸에 과학 기술과 관련된 낱말을 넣어 문장을 완성하세요.**

(1) 스마트폰에는 다양한 　이　고　　　지　능　 기능이 있어요.

　　* 사람이 할 수 있는 학습, 적응 등의 기능을 갖춘 컴퓨터 체계.

(2) 이것은 　ㄱ　사　　　현　실　 을 체험할 수 있는 장치예요.

　　* 현실이 아닌데도 실제처럼 보이게 하는 기술.

(3) 예준이는 야외에서 　즈　가　　　현　실　 게임을 즐겨요.

　　* 실제로 존재하는 사물이나 환경에 현실이 아닌 사물이나 환경을 덧입혀서, 마치 실제로 존재하는 것처럼 보이게 하는 기술.

(4) 삼촌은 　ㅈ　유　　　주　행　 으로 달리는 차를 만드세요.

　　* 운전자가 직접 운전하지 않고 차량 스스로 도로에서 달리게 하는 일.

(5) 인터넷 공간에서 사람들이 사용한 정보를 모은 것을 　비　　데　이　터　 라고 해요.

4 무슨 낱말일까요?

 빈칸에 알맞은 낱말을 넣어 문장을 완성하세요.

(1) 승호는 용돈을 ｜ ㅈ ｜ 약 ｜ 하기 위해서 학용품을 아껴 썼어요.

＊ 함부로 쓰지 않고 필요한 데에만 써서 아낌.

(2) 도서관에서 빌린 책을 ｜ ㅎ ｜ 소 ｜ 하지 않도록 조심해야 해요.

＊ 망가뜨려서 못 쓰게 만듦.

(3) 텔레비전에서 교통질서를 지키자는 ｜ ㄱ ｜ 익 ｜ 광고가 나왔어요.

＊ 사회 전체를 위한 이익.

(4) 이곳은 나라에서 ｜ 운 ｜ 영 ｜ 하는 병원이에요.

＊ 어떤 일을 목적에 맞게 이끌어 나감.

(5) 교실에서 앉을 자리를 ｜ 추 ｜ 첨 ｜ 으로 정했어요.

＊ 여럿 가운데 어느 하나를 선택하게 하여 승부나 차례 등을 결정하는 방법. ❹ 제비뽑기

(6) 왕이 살았던 궁궐이 ㄱ바 되어 많은 사람이 모여들었어요.

 * 문이나 어떤 공간 등을 열어 자유롭게 드나들고 이용하게 함.

(7) 석민이는 치즈를 새ㅅ 하는 공장에 방문했어요.

 * 사람이 생활하는 데 필요한 각종 물건을 만들어 냄.

(8) 친구들과 놀이공원에 갔는데 ㅂ요 이 많이 들었어요.

 * 어떤 일을 하는 데 드는 돈.

(9) 예은이는 창밖을 바라보며 ㅇㅇ 있게 주스를 마셨어요.

 * 물건, 공간, 시간 등이 넉넉하여 남음이 있는 상태.

(10) 사람이 살지 않는 섬에 간다고 ㄱ저 하면 무슨 물건을 챙길 거니?

 * 사실이 아니거나 사실인지 아닌지 분명하지 않은 것을 사실인 것처럼 정함.

(11) 정후는 친구들의 비난을 가ㅅ 하고 큰 소리로 노래를 불렀어요.

 * 괴롭고 힘든 일을 불만 없이 받아들임.

5 같은 소리, 다른 뜻

 글자의 모양과 소리는 같지만 뜻이 다른 낱말이 있습니다. 괄호 안에 공통으로 들어갈 낱말을 빈칸에 쓰세요.

(1) ㄱ
① 잃어버린 돈을 찾을 (　　)이 없어요.
  * 어떤 목적을 이루기 위한 방법.
② 할아버지는 (　　)이 잘 든 지팡이를 사용하세요.
  * 잘 다듬고 닦아서 물건에 생기는 매끈한 기운.

(2) ㄱㅅ
① 신문에는 어제 있었던 사고에 대한 (　　)가 실려 있어요.
  * 신문 등에서, 어떠한 사실을 알리는 글.
② 아버지는 택시 (　　)세요.
  * 직업으로 자동차 등을 운전하는 사람.

(3) ㅁㄹ
① 할머니는 (　　)에 누워 낮잠을 주무셨어요.
  * 우리나라 전통 집에서, 방과 방 사이나 방 앞에 땅바닥과 사이를 띄워 길쭉한 널빤지를 깔아 놓은 곳.
② 해가 (　　) 뒤로 넘어가 주위가 어두워졌어요.
  * 등줄기가 있는 산이나 지붕 등의 꼭대기.

(4) 따라
① 성현이는 제 말을 (　　) 주었어요.
  * 명령, 의견 등을 그대로 실행해.
② 어머니, 물 한 잔만 (　　) 주세요.
  * 그릇을 기울여 안에 들어 있는 액체를 밖으로 조금씩 흐르게 해.

6 국가유산

 빈칸에 국가유산과 관련된 낱말을 넣어 문장을 완성하세요.

(1) 유산이란 　조상　 들이 물려준 사물이나 문화를 말해요.

＊ 지금 사람들보다 먼저 살았던 사람들.

(2) 문화적으로 　보존　 할 만한 가치가 큰 유산을 국가유산으로 정해요.

＊ 잘 보호하고 관리하여 남김.

(3) 　첨성대　 는 우리나라의 과학 문화를 보여 주는 문화유산이에요.

＊ 삼국 시대에 신라에서 만들어진 시설. 우주의 천체를 관찰하고 연구했다.

(4) 동물, 식물, 　지형　 등의 국가유산을 자연유산이라고 불러요.

＊ 땅이 생긴 모양이나 상태.

(5) 판소리나 탈춤과 같이 모양이 없는 　무형유산　 도 있어요.

＊ 여러 시대에 걸쳐 전해지며 끊임없이 다시 만들어진 전통 공연, 전통 기술과 같은 국가유산.

7 비슷한말, 반대말

✏️ **밑줄 친 낱말의 비슷한말이나 반대말을 빈칸에 쓰세요.**

(1)
- 어머니는 저와 동생을 <u>사랑</u>으로 기르셨어요.
- 영윤이는 강아지에게 큰 비 [애정] 을 가지고 있어요.

(2)
- 어디선가 <u>익숙한</u> 노랫소리가 들려왔어요.
- 서인이와 예나는 비 [친숙한] 사이처럼 보였어요.

(3)
- 아버지는 시장에서 화분을 값싸게 <u>구매해</u> 꽃을 심으셨어요.
- 호준이는 우산을 싸게 비 [구입해] 기분이 좋았어요.

(4)
- 형은 나라를 지키는 <u>의무</u>를 마치고 집으로 돌아왔어요.
- 우리에게는 교육받을 반 [권리] 가 있어요.

(5)
- 여행가는 <u>평면</u>으로 된 종이 지도를 꺼내 길을 살폈어요.
- 해찬이는 색종이로 반 [입체] 도형을 만들었어요.

8 원고지 쓰기

✏️ 다음 문장을 괄호 안의 횟수만큼 띄워서 원고지에 옮겨 쓰세요.

(1) 매주한명씩돌아가면서정하자.(4)

									돌
								.	

(2) 그렇게서두르면될일도안되고말거예요.(7)

				서					
				안					
				.					

(3) 너무기대하다보면어쩔수없이실망도하게돼요.(8)

									보
					수				
									.

제 5 과 자세하게 살펴요(1)

1 한식

 다음 그림과 설명에 알맞은 한식의 이름을 쓰세요.

(1)

배추, 무 등에 고춧가루, 소금, 파, 마늘 등으로 만든 양념을 넣어 발효시킨 음식.

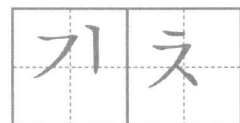
| 기 | 치 |

(2)

여러 가지 채소와 고기를 작게 썰어 볶은 것에, 삶은 당면을 넣고 뒤섞은 음식.

| 자 | 치 |

(3)

고기, 나물 등과 여러 가지 양념을 넣어 비벼 먹는 밥.

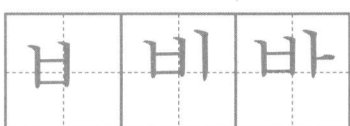
| ㅂ | 비 | 바 |

(4)

고기를 얇고 작게 잘라 채소를 넣고 양념과 뒤섞은 뒤에 불에 구운 음식.

| 부 | ㄱ | ㄱ |

2 -적

-적(的) : 낱말 뒤에 붙어 '그 성격을 띠는 것'의 뜻을 더해 줍니다.
예) 규칙 + -적 → 규칙적(어떤 일이나 현상이 일정한 질서에 따라 나타나는 것)

빈칸에 '-적'이 들어가는 낱말을 넣어 문장을 완성하세요.

(1) 은정이는 자기 꿈을 ㄱ ㅊ 으로 설명했어요.

* 분명하고 자세한 부분까지 담고 있는 것.

(2) 경복궁은 조선 시대의 ㄷ ㅍ 인 궁궐이에요.

* 어떤 대상의 성질이나 특징을 가장 잘 나타내는 것.

(3) 원민이는 자료를 모아 ㅊ ㄱ 으로 정리했어요.

* 일정한 원리에 따라 부분이 짜임새 있게 결합되어 전체를 이루는 것.

(4) 관찰한 내용을 ㄱㅐ ㄱ 으로 써야 해요.

* 자기의 생각이나 감정에서 벗어나 대상을 있는 그대로 보는 것. ⑪ 주관적

3 비슷한말

✏️ 밑줄 친 낱말의 비슷한말을 빈칸에 쓰세요.

(1)
- 어머니께서 식탁 가운데에 김치찌개를 올려놓으셨어요.
- 화살이 과녁의 　주 시　 에 정확히 맞았어요.

(2)
- 시아는 얼굴이 하얘서 밝은색 옷이 잘 어울려요.
- 한복은 우리나라의 전통 　ㅇ 사　 이에요.

(3)
- 그렇게 주장만 하지 말고 그 까닭을 말해 봐.
- 제가 잘못했다고 생각하시는 　그 ㄱ　 가 무엇입니까?

(4)
- 여름에는 땀이 많이 나서 세탁을 자주 해요.
- 　빠 ㄹ　 를 할 때에는 세제를 적당히 써야 해요.

(5)
- 쥐가 고양이를 피해 도망가요.
- 찬우가 건석이에게 장난을 치고 　다 ㅇ ㄴ 요　.

(6)
- 환자가 많아 병원에서 오랫동안 기다렸어요.
- 석균이는 의엽이를 |하|차| 기다리다가 집으로 돌아갔어요.

(7)
- 춘향이는 그네 발판을 발로 힘껏 누르며 점점 높이 올라갔어요.
- 향단이는 발을 |ㄱ|ㄹ|며| 월매와 널뛰기를 했어요.

(8)
- 연지는 편지 내용을 여러 번 고친 뒤에 희정이에게 주었어요.
- 태주는 자신이 쓴 글을 |ㅅ|저|한| 뒤에 게시판에 올렸어요.

(9)
- 소풍 가서 먹으려고 준비한 음식을 벌써 다 먹어 버렸어요.
- 제 친구들을 위해 |ㅁ|려|한| 과자를 형이 전부 먹어 버렸어요.

(10)
- 저는 옷에 묻은 얼룩을 깨끗이 지워요.
- 중심 생각과 관련이 없는 문장은 |사|ㅈ|해|요|.

4 반대말

✏️ 밑줄 친 낱말의 반대말을 빈칸에 쓰세요.

(1) 도서관으로 가려면 이쪽 출구로 나가세요.

→ 아침 9시에 경희와 박물관 | 입 | 구 | 에서 만나기로 했어요.

(2) 꺾이거나 굽지 않은 선을 직선이라고 해요.

→ 부드럽게 굽은 선은 | 곡 | 선 | 이라고 하죠.

(3) 저는 도준이의 진한 눈썹이 부러워요.

→ 지인이의 | 연 | 한 | 분홍색 치마가 아주 예뻐요.

(4) 어부 아저씨께서 바다에 그물을 치고 계셨어요.

→ 형은 너무 덥다며 소매를 | 걷 | 고 | 있었어요.

(5) 이 두 그림은 부분적으로 비슷하지만 분위기는 전혀 달라요.

→ 이 식당의 음식들은 | 전 | 체 | 적 | 으로 맛이 좋아요.

(6) 화가는 풍경을 실제보다 아름답게 그렸어요.

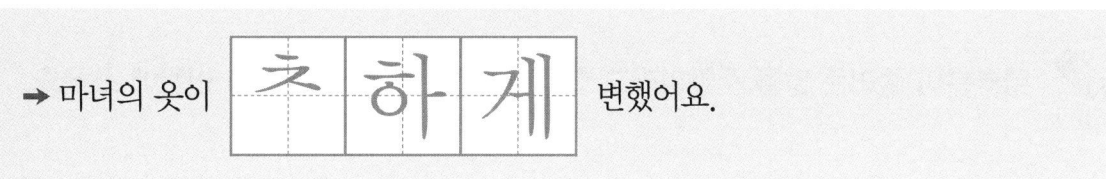
→ 마녀의 옷이 추하게 변했어요.

(7) 송아지가 줄을 끊고 도망갔어요.

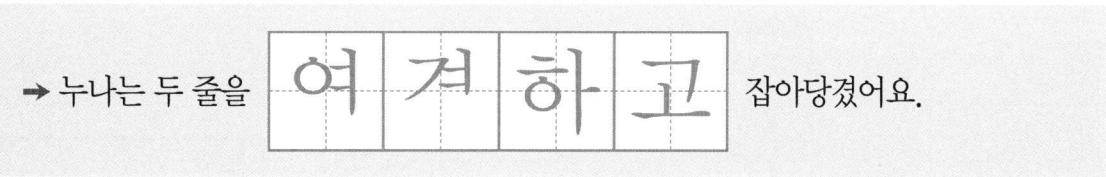
→ 누나는 두 줄을 여겨하고 잡아당겼어요.

(8) 물은 0℃가 되면 얼어요.

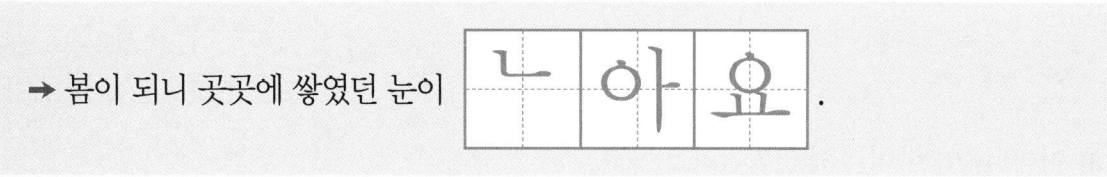
→ 봄이 되니 곳곳에 쌓였던 눈이 ㄴ아요.

(9) 급식에 반찬으로 나온 김치가 짜요.

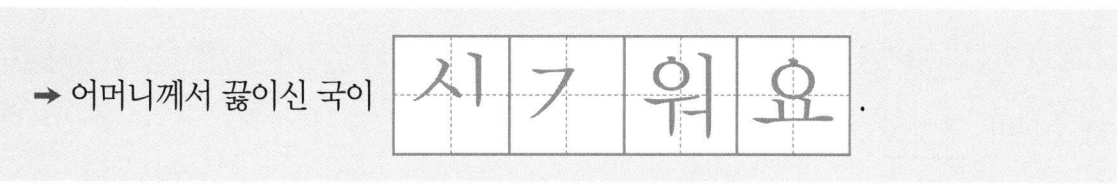
→ 어머니께서 끓이신 국이 시ㄱ워요.

(10) 안개가 잔뜩 끼어서 바로 앞도 희미하게 보여요.

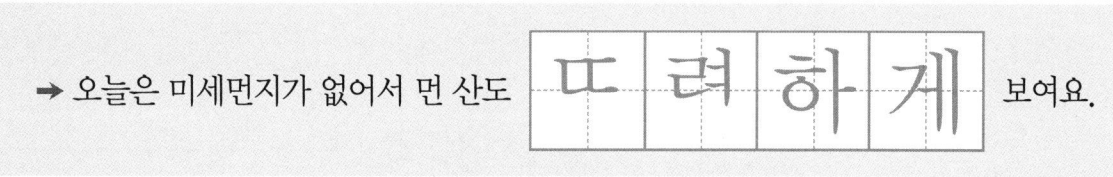
→ 오늘은 미세먼지가 없어서 먼 산도 뜨려하게 보여요.

(11) 술래가 못 찾겠다고 하자 그제야 영은이가 모습을 드러냈어요.

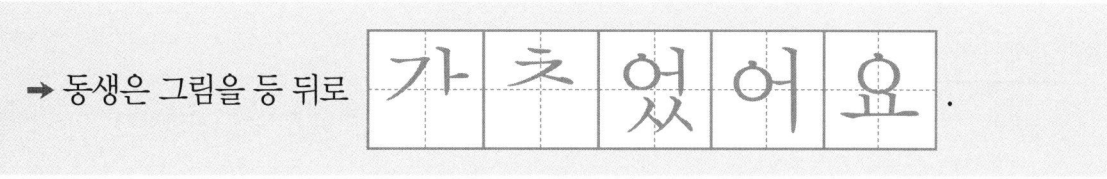
→ 동생은 그림을 등 뒤로 가츠었어요.

5 준말

✏️ **일부분이 줄어든 말을 준말이라고 합니다. 밑줄 친 말의 준말을 빈칸에 쓰세요.**

(1) 이 집에 이사 온 지도 벌써 2년이 다 <u>되어</u> 가요.

(2) 소연이는 코가 간지러운지 계속 재채기를 <u>하였어요</u>.

(3) 어머니, <u>이 아이</u>는 박정민이라고 해요.

(4) 승진아, <u>무엇을</u> 그리 걱정하고 있니?

(5) 음식을 가리지 말고 <u>고루고루</u> 먹어요.

(6) <u>오래간만</u>에 달리기를 하니 너무 힘들어요.

6 꾸며 주는 말

✏️ 빈칸에 꾸며 주는 말을 알맞게 넣어 문장을 자세히 표현하세요.

(1) 꿀벌들이 꽃 주위를 | 비 | 비 | 돌고 있어요.

* 약간 넓은 일정한 범위를 자꾸 도는 모양.

(2) 며칠 동안 비가 내리지 않아 땅이 | 바 | 짝 | 말랐어요.

* 물기가 없어지도록 겉면이 몹시 마르거나 부피가 작아진 모양.

(3) 이 물건의 기능에 대해서 | 가 | 략 | 히 | 소개해 주세요.

* 간단하고 짤막하게.

(4) 주아가 쓴 편지에 글씨가 | 초 | 초 | 히 | 쓰여 있어요.

* 틈이나 간격이 매우 좁거나 작게.

(5) 쌍둥이인 지호와 지은이를 구별하는 일은 | 으 | 그 | 히 | 어려워요.

* 아닌 것 같으면서도 느낄 수 있을 만큼.

7 바르게 쓰기

✏️ 밑줄 친 낱말을 바르게 고쳐 쓰세요.

(1) 바깥 공기가 차니 어서 창문을 닫아라.

(2) 이 나무는 숫한 고난을 견디며 살아왔어요.

　＊ 아주 많은.

(3) 언니가 나눗셈을 가르켜 주었어요.

(4) 인간은 엄연이 동물에 속해요.

　＊ 아무도 아니라고 할 수 없을 만큼 분명하게.

(5) 선물을 드리자 어머니께서 흐뭇한 미소를 지으셨어요.

(6) 희성이의 옷에 군대군대 얼룩이 져 있어요.

제 6 과 자세하게 살펴요(2)

1 그림 보고 낱말 맞히기

 다음 그림과 설명에 알맞은 낱말을 빈칸에 쓰세요.

(1)  음식을 담는 데 쓰는 얇고 납작한 그릇.

(2)  꽃을 심기 위하여 흙을 약간 높게 쌓아 만든 꽃밭.

(3) 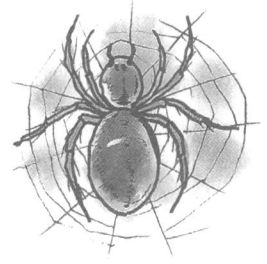 몸은 머리가슴과 배로 구분되며, 다리 네 쌍을 지닌 동물. 실을 뽑아 그물을 쳐 놓고 벌레를 잡아먹는다.

* 머리가슴: 머리와 가슴 부분이 구별 없이 하나로 합쳐진 부분.

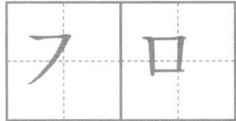

(4)  작은 물체를 크게 보이도록 하는 물건. 보통 볼록 렌즈에 손잡이를 달아 사용한다.

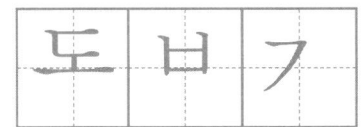

2 필기도구

 다음은 필기도구에 대한 설명입니다. 빈칸에 알맞은 필기도구를 쓰세요.

(1)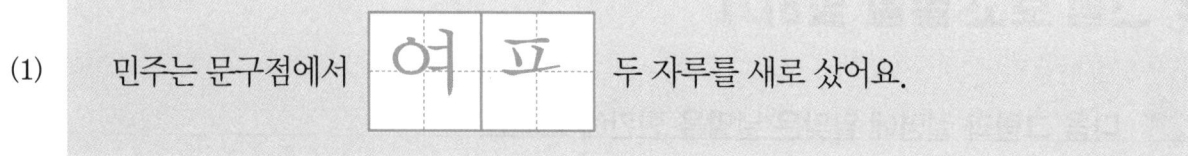

* 가느다란 심을 속에 넣고 겉은 나무로 둘러싸서 만든 필기도구.

(2)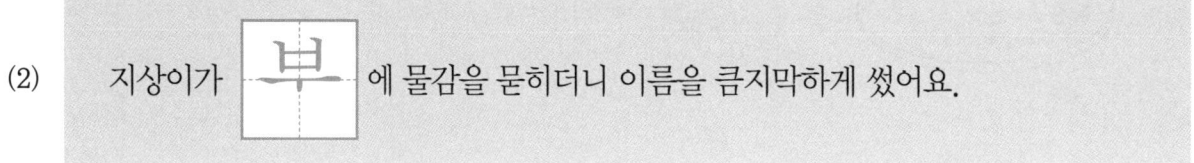

* 나무 막대기 끝에 짐승의 털을 가지런히 꽂아 만들어, 먹물이나 물감을 찍어 쓰는 필기도구.

(3)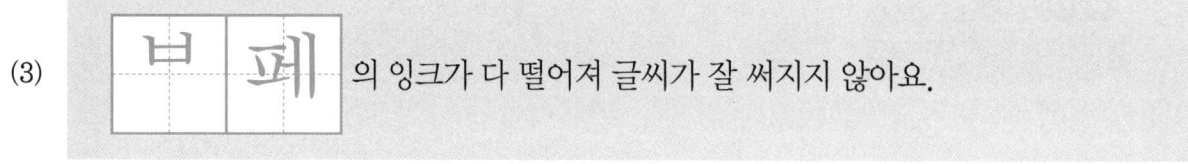

* 작은 금속 구슬이 돌면서 잉크가 흘러나오는 필기도구.

(4)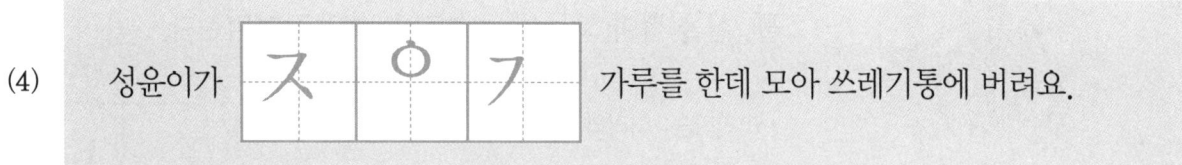

* 글씨나 그림을 지우는 데 쓰는, 고무로 만든 필기도구.

(5)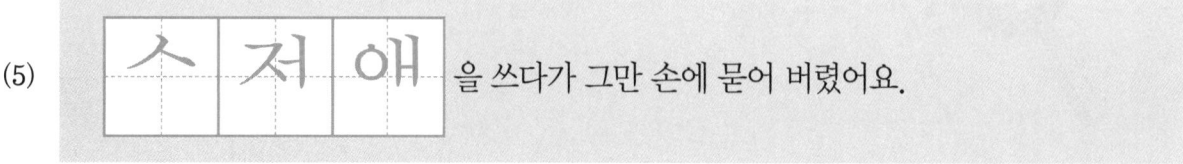

* 잘못 적은 글자를 고치거나 가리기 위해 그 위를 덧칠하는 데 쓰는, 액체 형태의 필기도구.

3 낱말 뜻풀이

✏️ 빈칸에 알맞은 말을 넣어서 밑줄 친 낱말의 뜻을 풀이하세요.

(1) 우리 집 마당은 여러 꽃에서 나는 <u>향</u>으로 가득해요.

* 향: 어떤 사물에서 나는 좋은 　내　 　새　 .

(2) 용준아, 이 힘든 일을 나서서 하게 된 <u>동기</u>가 뭐야?

* 동기: 어떤 일이나 행동을 하게 만드는 　ㅇ　 　ㅇ　 .

(3) 이불의 부들부들한 <u>촉감</u>이 아주 좋아요.

* 촉감: 어떤 것이 　ㅍ　 　ㅂ　 에 닿아서 전해지는 느낌.

(4) 재우는 한 달에 한 번씩 서점에 가서 과학 <u>잡지</u>를 사요.

* 잡지: 여러 내용의 글을 모아서 일정한 기간에 맞추어 만들어 내는 　ㅊ　 .

(5) 이 <u>사전</u>은 초등학생들이 이해하기 쉽게 만들어졌어요.

* 사전: 　나　 　마　 을 모아 일정한 순서로 줄지어 놓고 각각의 발음이나 뜻 등을 풀어 쓴 책.

4 무슨 낱말일까요?

 빈칸에 알맞은 낱말을 넣어 문장을 완성하세요.

(1) 예나는 달팽이를 | 관 | 찰 | 한 뒤에 그 내용을 꼼꼼히 정리했어요.

* 사물의 움직임이나 상태를 주의 깊게 살펴봄.

(2) 이 건물은 | 뼈 | 대 | 를 튼튼하게 지어서 안전하게 지내실 수 있을 거예요.

* 건물, 다리 등의 모양을 유지할 수 있도록 중심을 이루는 줄기.

(3) 글씨를 힘주어 썼더니 | 연 | 필 | 심 | 이 부러졌어요.

* 연필 속에 들어 있는 가느다란 물건.

(4) 씨를 심은 곳에서 | 싹 | 이 났어요.

* 씨, 줄기, 뿌리 등에서 처음 나오는 어린잎이나 줄기.

(5) 삼촌은 컴퓨터에 대해서 모르는 게 없는 | 전 | 문 | 가 | 세요.

* 어떤 일이나 부분에 풍부한 지식과 경험을 가진 사람.

(6) 저의 취미는 동화책 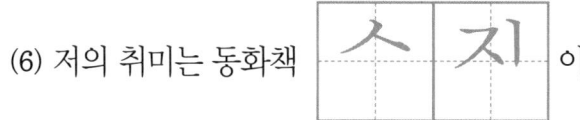 이에요.

　* 취미나 연구를 위하여 여러 가지 물건이나 재료를 찾아 모음.

(7) 이 글의  가 어디인지 궁금해요.

　* 물건이나 말 등이 처음 만들어지거나 생긴 곳.

(8) 우리 모두 건강을  해서 단 음식은 피하는 게 좋겠어요.

　* 생각하고 짐작하여 봄.

(9) 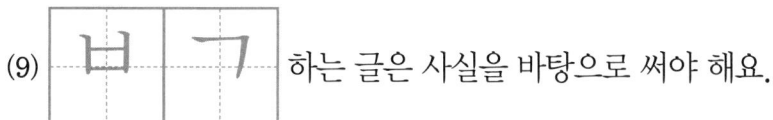 하는 글은 사실을 바탕으로 써야 해요.

　* 어떤 일에 관한 내용이나 결과를 말이나 글로 알림.

(10) 독후감을 쓰려면 이야기의 내용을 정확히 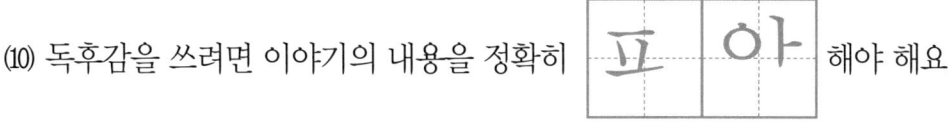 해야 해요.

　* 어떤 대상의 내용이나 사정 등을 확실하게 이해하여 앎.

(11) 문호는 한번 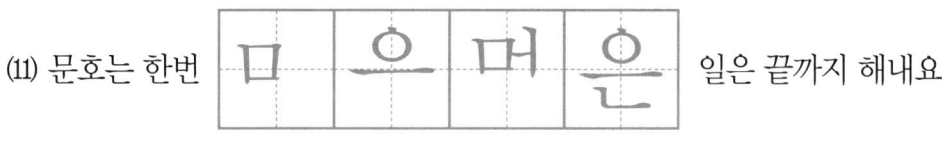 일은 끝까지 해내요.

　* 무엇을 하겠다고 생각한.

5 포함하는 말, 포함되는 말

✏️ 다음 낱말들을 모두 포함하는 말을 빈칸에 쓰세요.

(1) [ ]   귤, 배, 감, 사과

(2) [ ]   빨강, 노랑, 검정, 하양

(3) [ ]   의사, 화가, 소방관, 연예인

(4) [ ]   국어, 수학, 사회, 과학

✏️ 다음 낱말에 포함되는 말을 빈칸에 세 개씩 쓰세요.

(5) 채소   [ ]

(6) 학용품   [ ]

(7) 꽃   [ ]

(8) 민속놀이   [ ]

6 동작을 나타내는 말

 빈칸에 동작을 나타내는 말을 알맞게 넣어 문장을 완성하세요.

(1) 형은 몸무게를 | 재 | 고 | 깜짝 놀랐어요.

 * 자나 저울 등을 이용하여 길이, 높이, 무게 등을 알아보고.

(2) 어머니께서 밥그릇에 밥을 가득 | 담 | 아 | 주셨어요.

 * 어떤 물건을 그릇 등에 넣어.

(3) 두꺼운 이불 속으로 | 파 | 고 | 드 | 니 | 아주 따뜻해요.

 * 깊숙이 안으로 들어가니.

(4) 재원이가 다친 무릎을 손으로 | 문 | 지 | 르 | 며 | 괴로워해요.

 * 무엇을 누르면서 이리저리 밀거나 비비며.

(5) 민아는 옛날에 썼던 일기를 아직 | 보 | 관 | 하 | 고 | 있어요.

 * 맡아서 간직하며 관리하고.

7 '자국'과 '자극'

 두 낱말의 뜻풀이를 읽고, 알맞은 낱말에 동그라미 하세요.

> 자국 : 어떤 물건이 닿거나 묻어서 생긴 흔적.
>
> 자극 : 감각이나 마음에 어떤 반응이 일어나게 하는 작용.

(1) 눈 위에 사람들의 신발 (자국 / 자극)이 선명하게 남아 있어요.

(2) 경미가 몸이 불편하신 할아버지를 돕는 모습은 저에게 큰 (자국 / 자극)이 되었어요.

> 곱다 : 보기 좋게 아름답다.
>
> 곧다 : 구부러지거나 비뚤어지지 않고 똑바르다.

(3) 진식이는 까치발을 들고 (곱게 / 곧게) 서서 담장 너머를 바라보았어요.

(4) 가을이 되니 단풍이 (곱게 / 곧게) 물들었어요.

> 깎다 : 물체의 겉 부분을 얇게 벗겨 내다.
>
> 꺾다 : 물체를 구부려 다시 펴지지 않게 하거나 아주 끊어지게 하다.

(5) 석준이는 뭉툭해진 연필을 (깎아 / 꺾어) 쓰기 편하게 만들었어요.

(6) 아버지께서 나무 막대를 (깎아 / 꺾어) 두 동강을 내라고 하셨어요.

8 원고지 쓰기

 다음 문장을 괄호 안의 횟수만큼 띄워서 원고지에 옮겨 쓰세요.

(1) 어젯밤에있었던일이마치꿈같아요. (4)

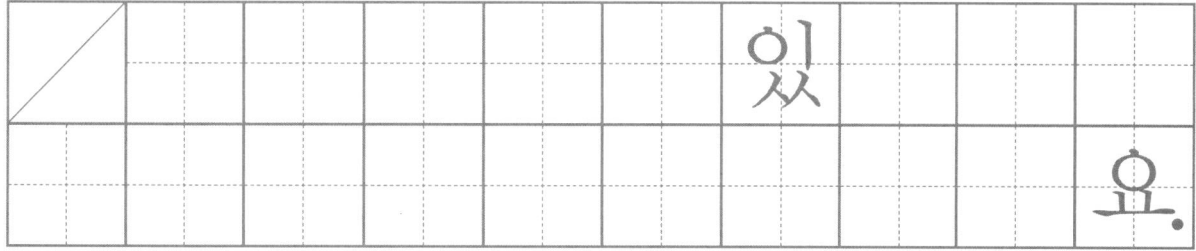

(2) 저는공주같이예쁜민지와같이떡볶이를먹었어요. (6)

(3) 길을잘몰라서네가가라는대로갈수밖에없어. (8)

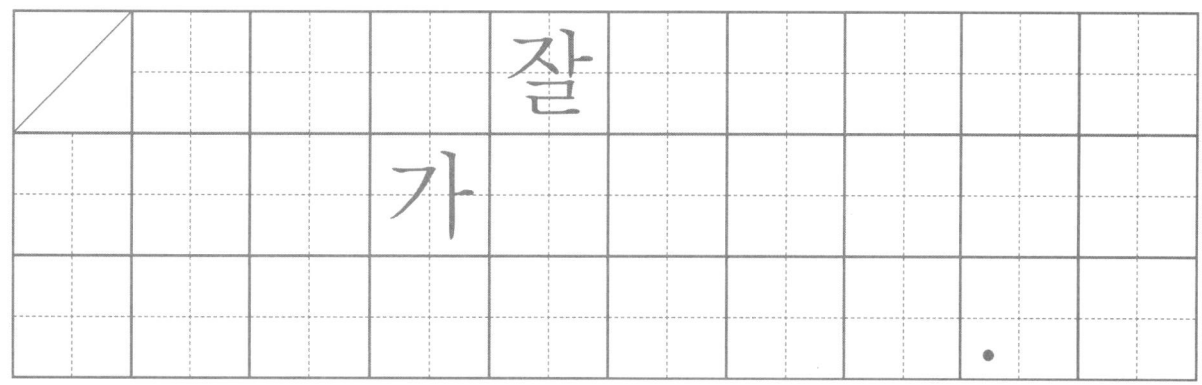

매체 인터넷에서 자료를 찾아요

1 인터넷

다음 설명을 읽고 인터넷과 관계있는 낱말을 빈칸에 쓰세요.

(1) 인터넷에서, 원하는 정보를 찾는 일.

| 거 | 새 | |

(2) 인터넷에서, 이용자가 자신을 증명하기 위하여 쓰는 이름. 문자, 숫자 등으로 나타낸다.

| ㅇ | ㅇ | ㄷ |

(3) 인터넷에서, 원하는 정보나 그것이 저장되어 있는 위치를 입력하는 곳.

| ㅈ | ㅅ | 차 |

(4) 자료나 지식 등을 주고받거나 의사소통을 하기 위해 인터넷 공간에 만든 것. 🔁 홈페이지

| ㄴ | ㄹ | ㅈ |

(5) 컴퓨터가 인터넷에 연결되어 자료를 주고받을 수 있는 상태.

| 오 | ㄹ | 이 |

2 비슷한말, 반대말

 밑줄 친 낱말의 비슷한말이나 반대말을 빈칸에 쓰세요.

(1)
- 정부는 홍수를 <u>방지</u>하기 위해 댐을 건설했어요.
- 우리 모두 교통사고를 [비] ㅇ 바 하기 위해 노력해요.

(2)
- 재희야, 시간이 없으니 <u>요점</u>만 간단하게 말해 줄래?
- 인아는 선생님께서 말씀하신 내용의 [비] 해 시 만 공책에 적었어요.

(3)
- 우체국은 <u>주간</u>에만 문을 열어요.
- [반] ㅇ 간 에 횡단보도를 건널 때에는 더 주의 깊게 주변을 살펴요.

(4)
- 우리는 책을 통해 여러 일을 <u>간접</u> 경험할 수 있어요.
- 형호는 민속촌에서 민속놀이를 [반] 지 접 체험해 보았어요.

(5)
- 형과 함께 <u>실내</u> 체육관에서 배드민턴을 쳤어요.
- 바람이 많이 불어 [반] ㅇ ㅇ 수업이 취소되었어요.

3 무슨 낱말일까요?

 빈칸에 알맞은 낱말을 넣어 문장을 완성하세요.

(1) 버스가 한 시간  으로 출발해요.

　＊ 어떠한 일과 일 사이의 시간적인 거리.

(2) 식탁 위에 어머니의  가 남겨져 있었어요.

　＊ 잊지 않기 위해서나 남에게 전하기 위해서 짤막하게 남긴 글.

(3) 이 감기약은  이 아주 좋아서 인기가 많아요.

　＊ 약 등을 사용한 뒤에 얻는 좋은 결과.

(4) 이 보고서의  는 박정수예요.

　＊ 글을 쓰거나 서류를 만든 사람.

(5) 아버지는 우리나라에서  있는 과학자세요.

　＊ 어떤 범위나 부분에서 사회적으로 인정을 받고 영향을 끼칠 수 있는 능력.

(6) 경기도 이천의  은 도자기예요.

 * 어떤 지역에서 특별하게 생산되는 물건.

(7) 강낭콩의 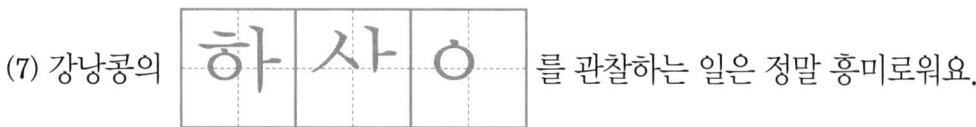 를 관찰하는 일은 정말 흥미로워요.

 * 세상에 태어나서 죽을 때까지의 동안. ㉑ 일생

(8) 준식이는 온몸에 모기 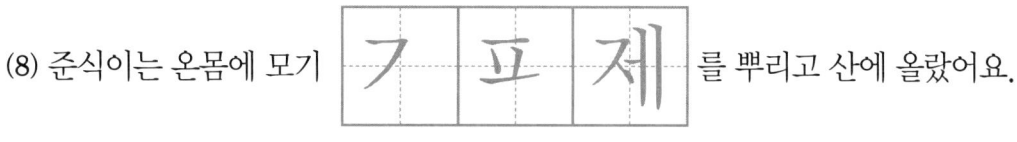 를 뿌리고 산에 올랐어요.

 * 곤충이나 작은 동물 등을 쫓기 위하여 쓰는 약.

(9) 발표할 주제를  한 뒤에 관련 자료를 찾아요.

 * 여럿 가운데서 어떤 것을 뽑아 정함.

(10) QR 코드는 우리말로 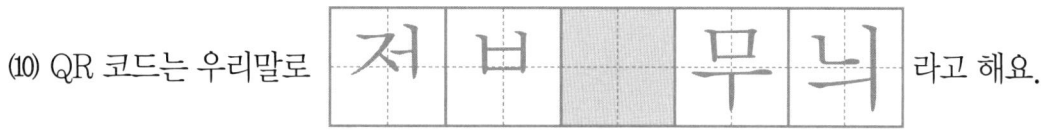 라고 해요.

 * 정보를 담기 위해 하얀색 바탕의 정사각형 공간 속에 검은 점을 찍어 만든 무늬.

(11) 이 책은 우리나라를 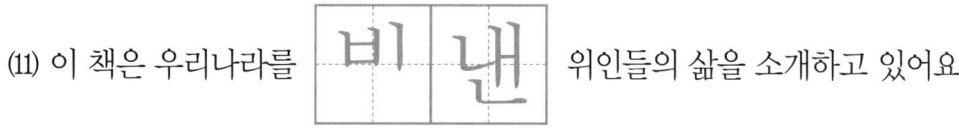 위인들의 삶을 소개하고 있어요.

 * 훌륭하거나 대단하여 세상에 드러나게 한.

제 7 과 뜻을 파악하며 읽어요(1)

1 질병

 다음 설명을 읽고, 질병과 관련 있는 낱말을 빈칸에 쓰세요.

(1) 몸이 몹시 피로하여 생기는 병. 팔다리가 아프고, 몸이 춥고 떨리며, 기운이 없어진다.

(2) 의사가 여러 방법으로 환자의 병이나 증상을 살핌.

(3) 세균 등에 의해 몸의 일부가 부풀어 오르고 열이 나거나 아픈 현상.

(4) 학교에서 학생들의 건강에 관한 일을 맡아보는 곳.

(5) 환자의 몸 안에서 나는 소리를 듣는 데 쓰는 기구.

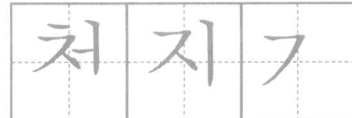

2 무슨 뜻일까요?

✏️ **밑줄 친 낱말의 뜻을 찾아 번호를 쓰세요.**

(1) 국어사전에서 <u>동형이의어</u>를 찾아요.　　　　　　　　　　(　)

　① 뜻이 서로 반대되는 낱말.

　② 뜻을 둘 이상 가진 낱말.

　③ 글자의 형태만 같고 서로 뜻이 전혀 다른 낱말.

(2) 장군의 <u>그릇된</u> 결정 때문에 병사들이 많이 다쳤어요.　　　(　)

　① 올바르지 않거나 나쁜.

　② 욕심이 지나친.

　③ 황당하고 전혀 근거가 없는.

(3) 영훈이가 음식의 맛을 <u>간결하게</u> 표현했어요.　　　　　　　(　)

　① 작은 부분까지 아주 구체적이고 분명하게.

　② 간단하고 깔끔하게.

　③ 길고 복잡하게.

(4) 명하는 선생님의 갑작스러운 질문에 <u>두서없이</u> 대답했어요.　(　)

　① 매우 좋아서 부족한 부분이 없이.

　② 말의 앞뒤가 맞지 않아 차례나 방향 등을 잡을 수 없이.

　③ 당황하지 않고 차분히.

3 글자의 짜임과 국어사전에 낱말이 실리는 차례

글자의 짜임

예) 종이

	첫 자음자	모음자	받침
종	ㅈ	ㅗ	ㅇ
이	ㅇ	ㅣ	

사전에서 찾을 때

첫 자음자부터 순서대로 찾습니다.

예) 종이 → ㅈ → ㅗ → ㅇ → ㅇ → ㅣ
　　　　 ①　 ②　 ③　 ④　 ⑤

✎ 아래 낱말을 사전에서 찾을 때 어떤 순서로 찾아야 하나요? 순서대로 쓰세요.

(1) 집　 (　) → (　) → (　)

(2) 학교　 (　) → (　) → (　) → (　) → (　)

(3) 도서관　 (　) → (　) → (　) → (　) → (　) → (　) → (　)

국어사전에서 자음과 모음이 실리는 순서입니다.

첫 자음자
ㄱ ㄲ ㄴ ㄷ ㄸ ㄹ ㅁ ㅂ ㅃ ㅅ ㅆ ㅇ ㅈ ㅉ ㅊ ㅋ ㅌ ㅍ ㅎ

모음자
ㅏ ㅐ ㅑ ㅒ ㅓ ㅔ ㅕ ㅖ ㅗ ㅘ ㅙ ㅚ ㅛ ㅜ ㅝ ㅞ ㅟ ㅠ ㅡ ㅢ ㅣ

받침
ㄱ ㄲ ㄳ ㄴ ㄵ ㄶ ㄷ ㄹ ㄺ ㄻ ㄼ ㄽ ㄾ ㄿ ㅀ ㅁ ㅂ ㅄ ㅅ ㅆ ㅇ ㅈ ㅊ ㅋ ㅌ ㅍ ㅎ

 아래 낱말을 국어사전에 실린 순서대로 쓰세요.

(4) | 친구 | 친척 | 책 | 충신 | 차례 | 차 |

( ) → ( ) → ( ) →

( ) → ( ) → ( )

(5) | 기러기 | 토끼 | 노을 | 포도 | 눈물 | 도둑 |

( ) → ( ) → ( ) →

( ) → ( ) → ( )

4 복수 표준어

 같은 뜻을 나타내는 표준어가 두 개 이상인 경우에 그 낱말들을 복수 표준어라고 합니다. 밑줄 친 낱말의 복수 표준어를 빈칸에 쓰세요.

(1) 주혜는 길이 헷갈려 약속 시간에 늦었어요.

 * 잘 구분되지 않아 혼란스러워.

(2) 연진이는 작은 일에도 쉽게 삐쳐요.

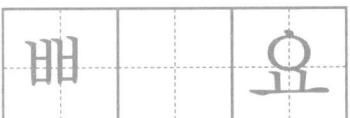

 * 화나거나 못마땅해서 마음이 돌아서요.

(3) 바다를 흙으로 메꿔서 새 땅을 만들어요.

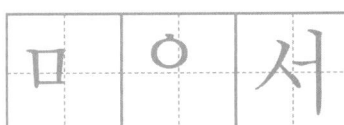

 * 뚫려 있거나 빈 곳을 막거나 채워서.

(4) 개구쟁이 철진이가 풍선을 마구 터트려요.

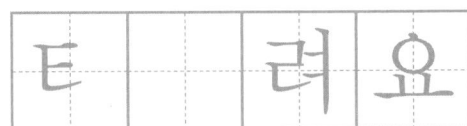

 * 터지게 해요.

(5) 형이 저를 간질이며 장난을 쳐요.

 * 살을 문지르거나 건드려 웃음을 참지 못하게 하며.

5 같은 소리, 다른 뜻

 글자의 모양과 소리는 같지만 뜻이 다른 낱말이 있습니다. 괄호 안에 공통으로 들어갈 낱말을 빈칸에 쓰세요.

(1)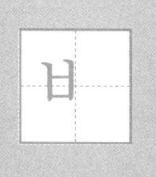

① (　　)를 타고 제주도에 가 보고 싶어요.
* 사람이나 짐 등을 싣고 물 위를 떠다닐 수 있게 만든 물건.

② 줄넘기 횟수가 지난달보다 (　　)로 늘어났어요.
* 어떤 수나 양을 두 번 합한 만큼.

(2)

① 친구들 앞에서 발표를 하려니 (　　)이 없어져요.
* 어떤 일을 해낼 수 있거나 꼭 그렇게 된다는 믿음.

② 흔히 마라톤을 '(　　)과의 싸움'이라고 해요.
* 그 사람의 몸 또는 바로 그 사람을 이르는 말.

(3)

① 어머니께서는 (　　)에 반찬거리를 사러 가셨어요.
* 여러 가지 상품을 사고파는 일정한 장소.

② 아버지는 (　　)하다고 말씀하시며 냉장고를 여셨어요.
* 배가 고픔.

(4)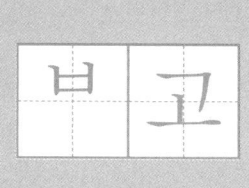

① 라면을 먹기 위해 냄비에 물을 (　　) 끓였어요.
* 액체나 가루 등을 다른 곳에 담고.

② 감기로 목이 (　　) 따가워요.
* 살이나 몸의 일부가 부풀어 오르고.

제 **7** 과　뜻을 파악하며 읽어요(1)　73

6 '다르다'와 '틀리다'

 두 낱말의 뜻풀이를 읽고, 알맞은 낱말에 동그라미 하세요.

> 다르다 : 두 대상이 서로 같지 않다.
>
> 틀리다 : 사실이나 계산 등이 맞지 않다.

(1) 재운이는 쉬운 수학 문제를 자꾸 (달라요 / 틀려요).

(2) 저와 언니는 취미가 서로 (달라요 / 틀려요).

> 가리키다 : 다른 사람이 보도록 손가락 등으로 어떤 방향이나 대상 등을 알리다.
>
> 가르치다 : 지식이나 기술 등을 깨닫게 하거나 익히게 하다.

(3) 상민이가 손가락으로 날아가는 새를 (가리켜요 / 가르쳐요).

(4) 누나는 가끔 제게 수학을 (가리켜요 / 가르쳐요).

> 늘리다 : 수나 양 등을 원래보다 더 많아지게 하다.
>
> 늘이다 : 물체의 길이를 원래보다 더 길어지게 하다.

(5) 석찬이는 운동 시간을 (늘려 / 늘여) 체력을 키웠어요.

(6) 지애가 고무줄을 (늘려 / 늘여) 머리를 묶었어요.

7 바꾸어 쓰기

 밑줄 친 부분을 한 낱말로 바꾸어 쓰세요.

(1) 부모님께서는 제가 하는 일을 <u>이리저리 따지지 않고</u> 응원해 주세요.

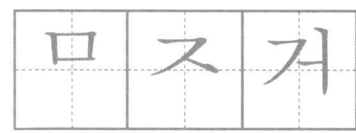

(2) 기차가 <u>아주 짧은 동안</u>에 지나갔어요.

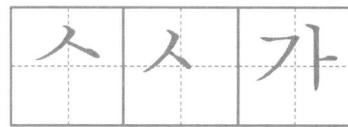

(3) 시장에 가면 <u>시들거나 상하지 않고 생기가 있는</u> 채소와 과일을 볼 수 있어요.

(4) 증기 기관의 발명은 완전히 새로운 시대를 열 만큼 <u>분명하게 구분되는</u> 사건이었어요.

(5) <u>가운데가 솟아서 불룩해진</u> 장바구니 안에 과자가 잔뜩 들어 있었어요.

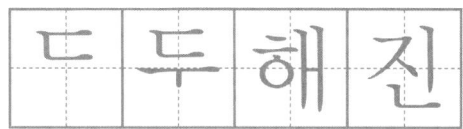

8 바르게 쓰기

✏️ 밑줄 친 낱말을 바르게 고쳐 쓰세요.

(1) 숲은 우리에게 많은 <u>해택</u>을 줘요.

　＊ 은혜와 도움.

(2) 민철이의 <u>머리속</u>에는 아무것도 떠오르지 않았어요.

(3) <u>굼주린</u> 고양이가 생선을 물고 달아났어요.

　＊ 먹지 못해 배가 고픈.

(4) 세종은 새 문자 만드는 일을 비밀에 <u>붙였어요</u>.

　＊ 어떤 일에 대해 논의하거나 그 일을 문제 삼지 않았어요.

(5) 언니 방에 옷들이 마구 <u>흐터져</u> 있어요.

(6) 형은 키가 <u>160센치미터</u>예요.

제 8 과 뜻을 파악하며 읽어요(2)

1 자연재해

 다음 설명을 읽고, 자연재해와 관련 있는 낱말을 빈칸에 쓰세요.

(1) 비가 너무 많이 와서 강이나 개천에 갑자기 물이 크게 불어 넘치거나 얕은 땅이 물에 잠기는 현상.

(2) 오랫동안 비가 내리지 않고 메마른 날씨가 이어지는 현상.

(3) 땅속에서의 여러 활동으로 땅이 흔들리며 움직이는 현상.

(4) 갑자기 바닷물이 크게 솟아 육지로 넘쳐 들어오는 현상. 바닷속의 여러 활동이나 바다 위의 기상 변화 등으로 생긴다.

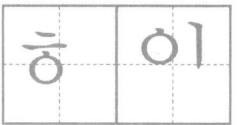

(5) 중국의 사막 지역에서 발생한 모래 먼지가 강한 바람을 타고 하늘 위로 올라갔다가 점차 내려오는 현상.

2 무슨 낱말일까요?

 [가]와 [나]에서 한 글자씩 골라 빈칸에 알맞은 낱말을 완성하세요.

[가]	[나]
실 단 해 곤	석 천 란 정

(1) 급하게 ☐☐ 짓지 말고 차분하게 생각해 봐.

　＊딱 잘라서 판단하고 결정함.

(2) 이 글은 여러 의미로 ☐☐ 할 수 있어요.

　＊글이나 행동의 의미를 이해하거나 판단함.

(3) 경수는 방학 동안 계획했던 일을 빠짐없이 ☐☐ 했어요.

　＊생각한 것을 실제로 행동함.

(4) 진규가 지갑을 잃어버려 ☐☐ 에 빠졌어요.

　＊사정이 몹시 딱하고 어려움.

✏️ 다음을 읽고, 동그라미 속 자음자로 시작하는 낱말을 빈칸에 쓰세요.

(5)
예 동원이가 ㄷㅈ 상황에서 골을 넣었어요.
뜻 점수가 같음.

(6)
예 어부들이 배 위에서 ㄱㅁ 을 걷어 올려요.
뜻 짐승 등을 잡으려고 실, 끈 등으로 여러 구멍이 나게 이리저리 걸어 묶은 물건.

(7)
예 요즘 학교에서 눈병이 ㅇㅎ 하고 있어요.
뜻 전염병이 널리 퍼짐.

(8)
예 저는 괜찮으니까 너무 ㅅㄱ 쓰지 마세요.
뜻 어떤 일에 대한 느낌이나 생각.

(9)
예 우진이는 다친 팔꿈치에 약을 바르고 ㅂㅊㄱ 를 붙였어요.
뜻 피부에 붙이기 위하여 한쪽 면에 끈끈한 물질을 발라 만든 헝겊이나 테이프.

3 -스럽다

 빈칸에 '-스럽다'가 들어간 낱말을 알맞게 쓰세요.

(1) 감나무에 열린 감이 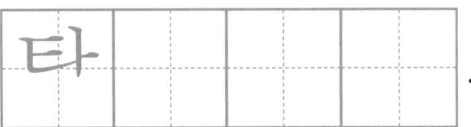.

    * 갖고 싶은 마음이 들 정도로 보기가 좋고 끌리는 데가 있다.

(2) 거울을 보니 내 옷이 너무 .

    * 세련되지 않고 엉성하다.

(3) 상을 받은 동생이 .

    * 남에게 드러내어 뽐낼 만한 데가 있다.

(4) 할아버지의 가발이 아주 .

    * 억지로 꾸미지 않아 어색한 데가 없다.

(5) 피자가 정말 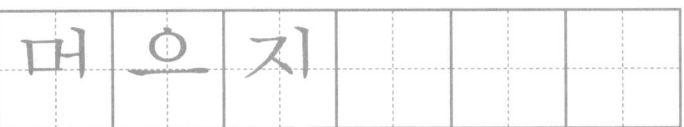.

    * 음식이 보기에 맛이 있을 듯하다.

4 비슷한말, 반대말

✏️ **밑줄 친 낱말의 비슷한말이나 반대말을 빈칸에 쓰세요.**

(1)
- 빨래는 <u>통풍</u>이 잘되고 햇빛도 잘 드는 곳에 너는 게 좋아요.
- 어머니께서는 매일 아침 창문을 열어 비 환기 를 하세요.

(2)
- 아무리 생각해도 <u>뾰족한</u> 해결 방법이 떠오르지 않아요.
- 해진이의 비 기발한 생각에 저도 모르게 박수가 나왔어요.

(3)
- 네가 하고 싶은 말을 <u>요약해서</u> 말해 줄 수 있겠니?
- 현주는 글의 내용을 비 간추려서 공책에 적었어요.

(4)
- 이 책은 <u>이해</u>가 안 되는 부분이 많아 읽기 어려워요.
- 예찬이와 대화를 통해 반 오해 를 풀었어요.

(5)
- 다른 사람을 함부로 <u>무시하고</u> 깔보면 안 돼요.
- 다른 사람을 항상 반 존중하고 배려해야 해요.

5 다의어

✏️ 뜻을 둘 이상 지닌 낱말을 다의어라고 합니다. 밑줄 친 낱말의 뜻을 찾아 번호를 쓰세요.

문제
① 해결하기 어려운 일.
② 답을 요구하는 물음.

---

(1) 제 스마트폰에 <u>문제</u>가 생겨 수리가 필요해요. ( )

(2) 이 수학 <u>문제</u>는 너무 어려워요. ( )

사로잡히다
① 사람이나 짐승 등이 살아 있는 채로 잡히다.
② 생각이나 마음이 온통 한곳으로 쏠리게 되다.

---

(3) 도둑이 <u>사로잡혀</u> 경찰서에 끌려갔어요. ( )

(4) 영진이는 다른 생각에 <u>사로잡혀</u> 선생님의 질문을 듣지 못했어요. ( )

상하다
① 음식이 변하거나 썩어서 먹을 수 없게 되다.
② 몸이나 그 일부가 다쳐 상처를 입다.
③ 기분이 나빠지거나 불편해지다.

---

(5) 주현이가 급하게 뛰다가 넘어져 다리가 <u>상했어요</u>. ( )

(6) 바깥에 오래 둬서 우유가 <u>상했어요</u>. ( )

(7) 석환이는 영우의 장난에 자존심이 <u>상했어요</u>. ( )

6 낱말 뜻풀이

 빈칸에 알맞은 말을 넣어서 밑줄 친 낱말의 뜻을 풀이하세요.

(1) 달리기를 열심히 하다 보니 어느새 이마에 <u>구슬땀</u>이 맺혔어요.

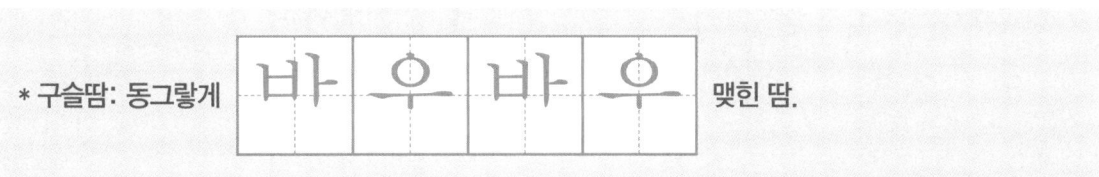

* 구슬땀: 동그랗게 | 바 | 우 | 바 | 우 | 맺힌 땀.

(2) 아버지께서는 <u>소아</u> 청소년과 병원의 의사세요.

* 소아: 나이가 | ㅈ | 은 | 아이.

(3) 외국 문화가 무조건 훌륭하다는 <u>편견</u>에 빠져서는 안 돼요.

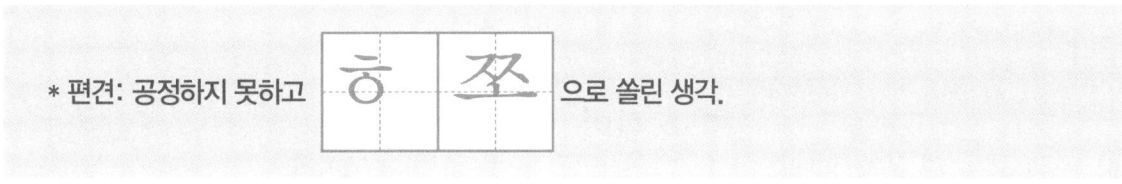

* 편견: 공정하지 못하고 | ㅎ | 쪽 | 으로 쏠린 생각.

(4) 매일 손을 깨끗하게 씻으면 감기를 <u>예방할</u> 수 있어요.

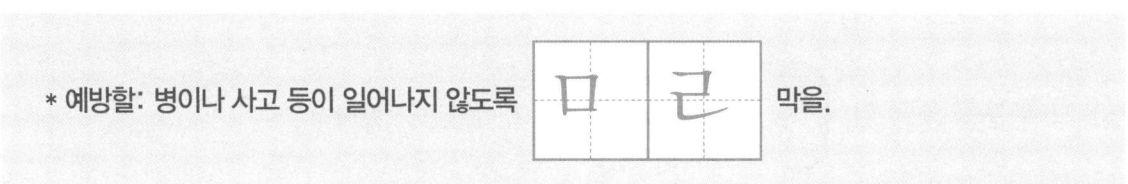

* 예방할: 병이나 사고 등이 일어나지 않도록 | ㅁ | ㄹ | 막을.

(5) 저는 옷을 <u>차곡차곡</u> 정리하여 옷장에 넣었어요.

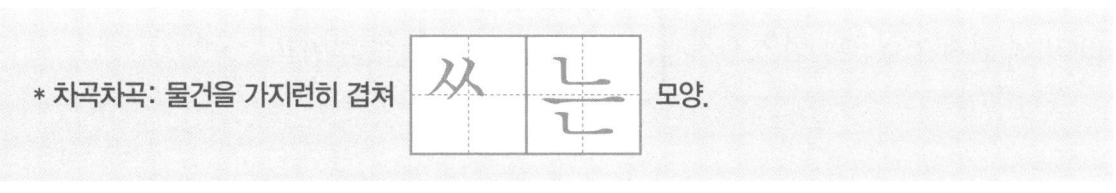

* 차곡차곡: 물건을 가지런히 겹쳐 | ㅆ | 는 | 모양.

7 '이'와 '히'

 문장을 읽고, 바르게 쓴 낱말에 동그라미 하세요.

(1) 여름에는 에어컨의 온도를 { 적절이 / 적절히 } 맞춰야 해요.

(2) 잠을 { 충분이 / 충분히 } 자면 건강에 좋아요.

(3) 연수는 방을 { 깨끗이 / 깨끗히 } 청소했어요.

(4) 우리 모두 이 문제에 대해 { 깊이 / 깊히 } 고민해 보아요.

(5) 그 부분을 조금 더 { 자세이 / 자세히 } 보여 주실 수 있나요?

(6) 미세 먼지가 없으니 먼 곳까지 { 뚜렷이 / 뚜렷히 } 잘 보여요.

8 원고지 쓰기

 다음 문장을 괄호 안의 횟수만큼 띄워서 원고지에 옮겨 쓰세요.

(1) 이것은아픈데먹는약이에요. (4)

(2) 입안이얼얼해서더이상먹을수없을것같아요. (8)

(3) 뒷집에사는재규와함께저희집앞에꽃을심었어요. (8)

제 9 과 말과 글로 전하는 생각(1)

1 그림 보고 낱말 맞히기

 다음 그림과 설명을 보고 알맞은 낱말을 빈칸에 쓰세요.

(1)
털이나 솜을 두껍게 눌러서 만든 물건. 사람이 앉거나 누울 때 바닥에 깐다.

(2)
가느다란 통에 화약을 넣고 공중에다가 터뜨려 큰 소리와 불꽃이 나게 하는 물건.

(3)
수업을 할 때에 책 등을 올려놓는 탁자.

(4)
잎은 둥글게 생겼으며, 꽃은 붉은색이나 흰색으로 피는 식물. 주로 고여 있는 물에서 자란다.

2 감정을 나타내는 말

 빈칸에 감정을 나타내는 말을 알맞게 넣어 문장을 완성하세요.

(1) 빠르게 돌아가는 놀이 기구를 탔더니 매우 .

　　* 마음이 순간적으로 흥분되고 떨리는 듯해요.

(2) 어질러진 방을 깨끗이 치우니까 무척 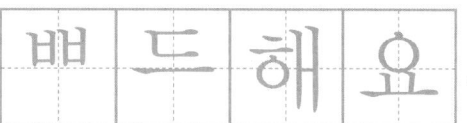.

　　* 마음이 감동, 기쁨 등의 감정으로 가득해요.

(3) 같이 놀던 친구가 전학을 가서 .

　　* 무엇을 잃거나 기댈 곳이 없어진 것같이 섭섭하고 아쉬워요.

(4) 미뤄 두었던 숙제를 다 했더니 속이 .

　　* 답답하여 좋지 않았던 마음이 풀려 시원해요.

(5) 아기가 넘어질까 봐 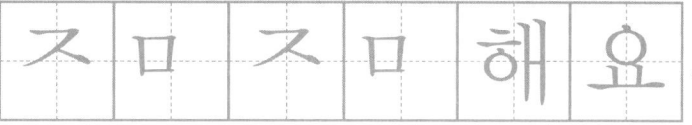.

　　* 다가올 일에 대하여 걱정이 되어 마음이 불안해요.

3 무슨 낱말일까요?

[가]와 [나]에서 한 글자씩 골라 빈칸에 알맞은 낱말을 완성하세요.

[가]	[나]
절 정 상 수	가 면 전 벽

(1) 고래가 숨을 쉬기 위해 ☐☐ 위로 올라왔어요.

　* 물의 겉면.

(2) 계곡물이 ☐☐ 을 타고 흘러내렸어요.

　* 바위를 깎아 세운 것처럼 가파르게 솟아 있는 언덕. ⓐ 낭떠러지

(3) 어젯밤에 ☐☐ 이 되어서 주위가 어두컴컴했어요.

　* 흐르던 전기가 끊어짐.

(4) 집 근처 ☐☐ 에 아이스크림 가게가 새로 생겼어요.

　* 상점이 많이 늘어서 있는 거리나 건물.

✏️ 다음을 읽고, 동그라미 속 자음자로 시작하는 낱말을 빈칸에 쓰세요.

(5)
예 ㅊㅈ 을 빠르게 넘겨 보며 도서관에서 빌릴 책을 골랐어요.
뜻 책을 이루고 있는 종이 한 장 한 장.

(6)
예 아버지께서는 ㅇㅂ 을 타고 산 정상까지 오르셨어요.
뜻 벽처럼 반듯하게 높이 솟은 바위.

(7)
예 겉모습만 보고 나쁜 사람이라고 ㅇㅎ 해서 미안해.
뜻 사실과 다르게 이해하거나 잘못 앎.

(8)
예 공룡이 ㅁㅈ 한 이유가 궁금해요.
뜻 생물의 한 종류가 완전히 없어짐.

(9)
예 환경 오염으로 동물들의 ㅅㅅㅈ 가 사라지고 있어요.
뜻 생물이 일정한 장소에 자리를 잡고 사는 곳.

제9과 말과 글로 전하는 생각(1)

4 외국에서 들어와 쓰이는 말

 빈칸에 외국에서 들어와 쓰이는 말을 넣어 문장을 완성하세요.

(1) 학교 수업이 끝나고 친구들이랑 | ㄷ | ㄴ | 을 사 먹었어요.

    * 밀가루에 설탕, 달걀 등을 섞어 반죽한 뒤, 고리 모양으로 만들어 기름에 튀긴 과자.

(2) 감자튀김을 | ㅋ | ㅊ | 에 찍어 먹어요.

    * 과일이나 채소 등을 끓인 것에 설탕, 식초 등을 섞어 만든 양념.

(3) 주환이는 | ㅎ | ㅁ | 을 쓰고 야구를 했어요.

    * 머리를 보호하기 위하여 쓰는 모자.

(4) 겨울에 | ㅅ | ㅇ | ㅌ | 를 입고 따뜻하게 지내요.

    * 윗몸에 입기 위해 털실로 두툼하게 만든 옷.

(5) 아버지는 깨를 | ㅍ | ㄹ | ㅇ | ㅍ | 에 볶으셨어요.

    * 음식을 튀기거나 부치는 데 쓰는, 손잡이가 달리고 밑이 넓적한 냄비.

5 토박이말

✏️ '토박이말'은 우리말에 원래부터 있었거나 그것에 기초하여 새로 만들어진 낱말을 말합니다. 빈칸에 알맞은 토박이말을 찾아 쓰세요.

> 안다미로   마수걸이   시나브로   알근달근

(1) 어머니께서 만들어 주신 떡볶이가 [알근달근] 맛있어요.

 * 맛이 조금 매우면서 달콤한 느낌.

(2) 분식집은 오전 내내 [마수걸이] 도 못 했어요.

 * 맨 처음으로 물건을 파는 일.

(3) 눈이 [시나브로] 내려 무릎 높이까지 쌓였어요.

 * 모르는 사이에 조금씩 조금씩.

(4) 할머니께서 밥을 [안다미로] 담아 주셨어요.

 * 담은 것이 그릇에 넘치도록 많이.

6 흉내 내는 말

✏️ 빈칸에 흉내 내는 말을 알맞게 넣어 문장을 자세히 표현하세요.

(1) 수업을 열심히 들으니까 문제들이 ㅅ수 풀렸어요.

* 일이 막힘없이 잘 풀리는 모양.

(2) 밥을 급하게 먹었더니 배가 사ㅅ 아파 왔어요.

* 배가 조금씩 쓰리며 아픈 모양.

(3) 지은이가 종이를 꼬기꾸기 접어요.

* 종이나 천 등을 접은 자국이 생기도록 마구 구기거나 비비는 모양.

(4) 혜원이는 선생님의 질문에 우무쭈무 답했어요.

* 행동 등을 자꾸 망설이며 분명하지 않게 하는 모양.

(5) 진호가 희원이를 흐끄흐끄 봐요.

* 마음에 들지 않아 눈동자를 옆으로 굴려 자꾸 노려보는 모양.

7 비슷한말, 반대말

✏️ 밑줄 친 낱말의 비슷한말이나 반대말을 빈칸에 쓰세요.

(1)
- 서영이는 우리나라 문화에 <u>자부심</u>을 느껴요.
- 주호는 다른 나라에서 살아도 한국인의 [비] 그 ㅈ 를 잃지 않았어요.

(2)
- 웃음이 나는 것을 <u>참고</u> 선생님의 말씀에 집중했어요.
- 넘어졌지만 아픔을 [비] ㄱ 디 고 일어섰어요.

(3)
- 우주선이 화성에 <u>착륙해</u> 사람들이 소리를 지르며 기뻐했어요.
- 비행기가 [반] ㅇ ㄹ 해 하늘을 날았어요.

(4)
- 화가 난 유정이는 저의 물음에 <u>쌀쌀하게</u> 대답했어요.
- 대현이는 동생의 손을 [반] ㄷ ㅈ 하 게 잡았어요.

(5)
- 시장에서 물건을 싸게 <u>구입해요</u>.
- 편의점에서는 다양한 물건을 [반] 파 ㅁ 해 요.

8 바르게 쓰기

✏️ **밑줄 친 낱말을 바르게 고쳐 쓰세요.**

(1) 숙제를 <u>까막게</u> 잊고 있었어요.

(2) 사탕이 <u>열여덜</u> 개나 있어요.

(3) <u>어쨋든</u> 내 잘못은 없어.

(4) <u>다행이</u> 늦지 않았어요.

(5) 용기가 <u>소사나서</u> 교실 앞으로 걸어 나갔어요.

(6) 문제의 정답을 선생님께 <u>여쩌보고</u> 왔어요.

제 10 과 말과 글로 전하는 생각(2)

1 새

 다음 그림과 설명을 보고 새 이름을 알맞게 쓰세요.

(1)

머리와 몸은 흰색, 날개는 회색이며, 부리와 다리가 노란색인 새. 주로 바닷가에 살며 물고기를 잡아먹는다.

가	ㅁ	ㄱ

(2)

다리는 짧고 부리 끝이 구부러진 새. 다른 동물의 소리나 사람의 말을 흉내 내기도 한다.

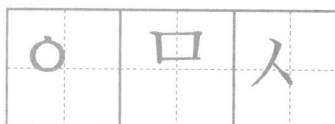

ㅇ	ㅁ	ㅅ

(3)

닭과 비슷한 크기이며, 몸에는 검은 점이 많고 꼬리가 긴 새. 수컷은 장끼, 암컷은 까투리라 부른다.

ㄲ

(4)

머리 양쪽에 귀 모양으로 털이 솟은 새. 동그랗고 큰 눈이 있다. 우리나라 천연기념물이다.

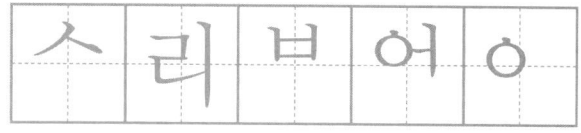

ㅅ	리	ㅂ	어	ㅇ

2 독서 감상문을 써요

✏️ 다음은 독서 감상문을 쓰는 방법입니다. 빈칸에 알맞은 낱말을 쓰세요.

(1) 책을 읽게 된 특별한 [ㅅ][여] 이나 언제, 어디에서 읽었는지를 써요.

* 일의 앞뒤 사정과 내용.

(2) 등장인물이나 책의 [ㅈ][ㄱ][ㄹ] 를 써요.

* 이야기의 중심이 되는 내용.

(3) 가장 [이][사] 깊은 장면을 그렇게 느낀 까닭과 함께 적어요.

* 어떤 대상에 대하여 마음속에 깊이 기억되는 느낌.

(4) 책을 읽고 깨달았거나 [ㄷ][지][한] 점을 써요.

* 마음이나 뜻을 굳게 정한.

(5) 독서 감상문의 내용과 어울리는 [ㅈ][ㅁ] 을 붙여요.

* 책, 노래, 그림 등에서, 내용을 알 수 있도록 붙이는 이름.

3 꾸며 주는 말

✏️ 빈칸에 꾸며 주는 말을 알맞게 넣어 문장을 자세히 표현하세요.

(1) 할머니께서 끓여 주신 된장찌개가 [문 득] 생각났어요.

* 생각이나 느낌 등이 갑자기 떠오르는 모양.

(2) 종수는 진희만 보면 [괘 ㅎ] 웃음이 난대요.

* 아무 이유나 정확한 내용 없이.

(3) 이 사실을 [ㅇ 원 ㅎ] 우리끼리만 알고 있으면 좋겠어.

* 끝없이 이어지는 상태로.

(4) 현준이는 낮에 있었던 일을 [고 ㄱ ㅇ] 생각해 봤어요.

* 여러 방향으로 깊이 생각하는 모양.

(5) 초등학교에 입학하던 날이 [ㅇ 려 푸 이] 생각나요.

* 기억이나 생각 등이 뚜렷하지 않고 흐릿하게.

4 '한참'과 '한창'

 다음 뜻풀이를 읽고, 알맞은 낱말에 동그라미 하세요.

한참 : 시간이 꽤 지나는 동안.

한창 : 어떤 일이 가장 활발하게 일어나는 모양.

---

(1) 키가 (한참 / 한창) 자랄 때에는 골고루 먹고 잘 자야 해요.

(2) 교문 앞에서 준수를 (한참 / 한창) 기다렸어요.

공공 : 국가나 사회에 관계되는 것.

공동 : 사람이나 단체가 둘 이상 함께하는 것.

---

(3) 아파트 같은 (공공 / 공동) 주택에서는 밤늦게까지 뛰어놀면 안 돼요.

(4) 도서관, 경찰서, 소방서 같은 곳을 (공공 / 공동) 기관이라고 해요.

벌리다 : 가까이 있거나 붙어 있는 둘 사이를 넓히거나 멀게 하다.

벌이다 : 일을 계획하여 시작하거나 펼쳐 놓다.

---

(5) 치과에서 입을 크게 (벌리고 / 벌이고) 이를 치료받았어요.

(6) 임금님은 잔치를 (벌리고 / 벌이고) 음식을 사람들에게 나누어 주었어요.

5 날짜 세기

 한글에는 날짜를 세는 낱말이 따로 있습니다. 숫자를 보고 빈칸에 날짜를 세는 말을 알맞게 쓰세요.

1일	2일	3일
하루	(1) 이틀	(2) 사흘

4일	5일	6일
(3) 나흘	(4) 닷새	(5) 엿새

7일	8일	9일
(6) 이레	(7) 여드레	(8) 아흐레

제 10 과   말과 글로 전하는 생각(2)

6 바꾸어 쓰기

 밑줄 친 부분을 한 낱말로 바꾸어 쓰세요.

(1) 오늘은 <u>분명한 이유도 없이</u> 좋은 일이 생길 것 같아요.

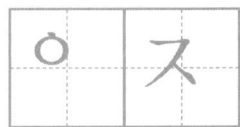

(2) 현지는 <u>하기로 마음을 굳게 정한</u> 일을 반드시 실천해요.

(3) 하준이는 <u>조금도 어긋나는 일 없이</u> 학교에 늦을 거예요.

(4) 주말 동안 대왕고래에 대해서 확실하게 알기 위하여 <u>자세히 살펴보거나 찾아봤어요.</u>

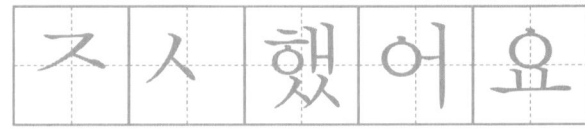

(5) 친구들 앞에서 발표하려고 하니 가슴이 <u>몹시 놀라거나 두려워서 자꾸 두근거려요.</u>

7 동물의 분류

 다음은 등뼈가 있는 동물의 종류입니다. 빈칸에 알맞은 낱말을 쓰세요.

(1) 몸이 비늘에 싸여 있으며, 물속에서 알을 낳고 사는 동물. 붕어, 잉어 등이 있다.

(2) 몸이 깃털에 덮여 있으며, 부리와 날개를 지닌 동물. 참새, 비둘기 등이 있다.

(3) 어릴 때에는 물속에서 살고, 커서는 물과 육지를 오가며 사는 동물. 개구리, 도롱뇽 등이 있다.

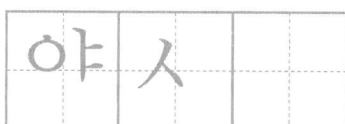

(4) 피부가 단단한 비늘에 덮여 있으며, 대부분 긴 꼬리와 짧은 다리를 지닌 동물. 도마뱀, 악어 등이 있다.

(5) 피부에는 털이 나 있으며, 대부분 새끼를 낳아 젖을 먹여 키우는 동물. 사자, 곰 등이 있다.

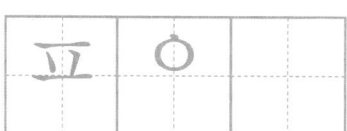

8 무슨 뜻일까요?

✏️ 빈칸에 알맞은 낱말을 넣어서 밑줄 친 말의 뜻을 풀이하세요.

(1) 동호는 선생님께 혼날까 봐 <u>안절부절못했어요</u>.

* 안절부절못했어요: 마음이 ㅂ 아 해 어떻게 해야 할지 몰랐어요.

(2) 놀부는 성격이 <u>고약해</u> 사람들이 싫어했어요.

* 고약해: 성격이나 말과 행동 등이 ㅅ ㄴ 워 .

(3) 지연이는 가방을 바닥에 <u>팽개치고</u> 방 안으로 들어갔어요.

* 팽개치고: 짜증이 나서 물건 등을 아무렇게나 ㄷ ㅈ 고 .

(4) 숨바꼭질을 하는 아이들이 <u>쥐 죽은 듯</u> 숨어 있어요.

* 쥐 죽은 듯: 매우 ㅈ 요 한 상태를 비유적으로 이르는 말.

(5) 강현이는 <u>눈 깜짝할 사이</u>에 밥을 다 먹었어요.

* 눈 깜짝할 사이: 매우 짜 은 순간.

9 원고지 쓰기

 다음 문장을 괄호 안의 횟수만큼 띄워서 원고지에 옮겨 쓰세요.

(1) 책을한권씩나누어줄거예요. (5)

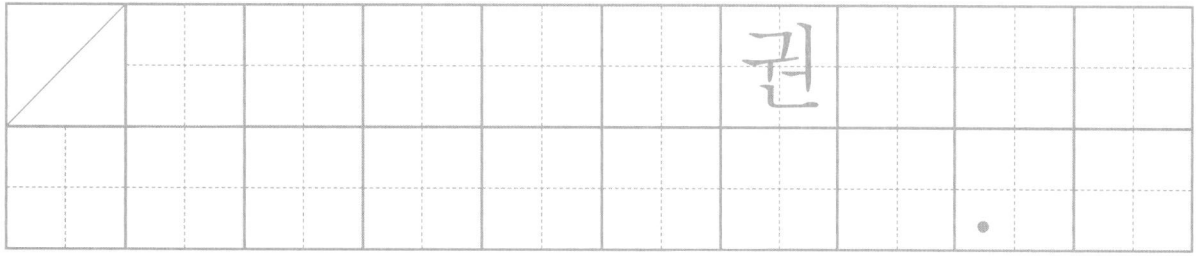

(2) 숨을제대로쉴수없을정도로긴장되는일이었어. (7)

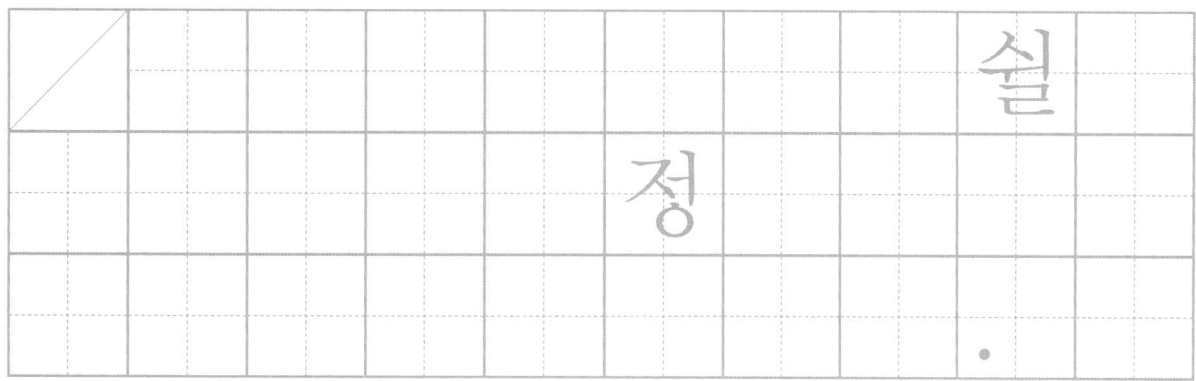

(3) 한번더말하지않을테니까주의깊게잘들어야해. (10)

제11과 경험을 표현해요(1)

1 해설

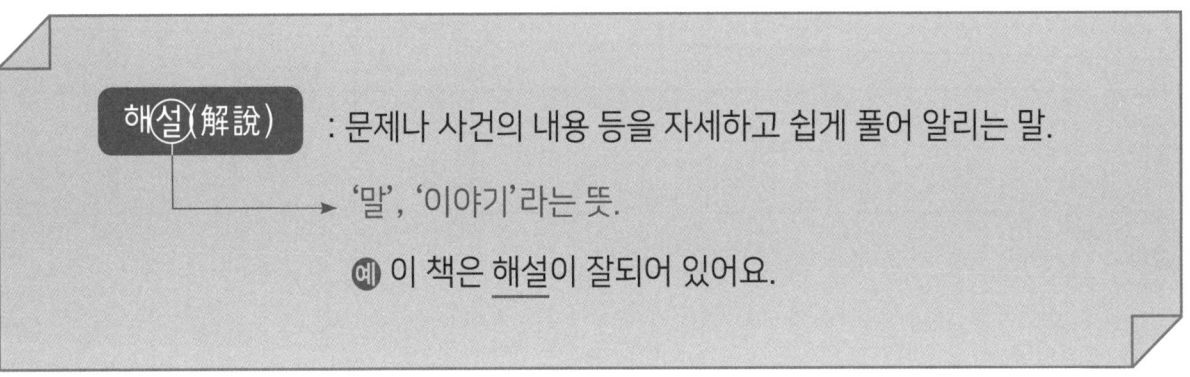

해설(解說): 문제나 사건의 내용 등을 자세하고 쉽게 풀어 알리는 말.
→ '말', '이야기'라는 뜻.
예) 이 책은 해설이 잘되어 있어요.

✏️ 다음 설명을 읽고 '설'이 들어가는 낱말을 빈칸에 쓰세요.

(1) 수업 시간에 선생님의  을 열심히 들었어요.

　*어떤 내용을 상대방에게 자세히 알리는 말.

(2) 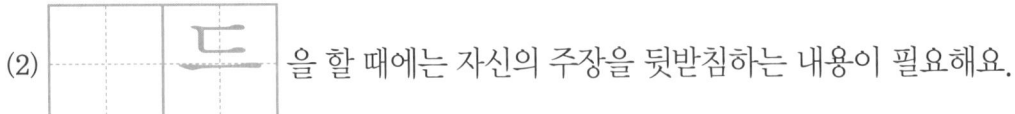 을 할 때에는 자신의 주장을 뒷받침하는 내용이 필요해요.

　*상대방이 자신의 이야기를 따르도록 말함.

(3) 아침에 교장 선생님께서  을 하셨어요.

　*여러 사람 앞에서 자기의 주장이나 의견을 말함.

2 끝말잇기

✏️ 다음 뜻을 보고 알맞은 낱말을 넣어 끝말잇기를 하세요.

(1) 시 가

실제로 체험하는 느낌.

→

(2) 가 ㄱ

눈, 귀, 코, 혀, 피부 등으로 자극을 느낌.

↓

(3) ㄱ ㅇ

앞으로 해야 할 일이나 겪을 일에 대한 마음의 준비.

←

오 명

부끄럽게 된 이름이나 명예.

↓

(4) ㅁ 차

이름이나 소속 등을 적어 달고 다니는 표. 🔵 이름표

(5) 차 ㄴ

어떤 일이 일어나는 바로 그때. 🔵 순간

↓

(6) ㄴ ㄷ ㅇ

집을 떠나 가까운 곳에 잠시 다녀오는 일.

←

(7) ㅇ ㅅ

공기 중에 기체 상태로 있던 물이 기온이 내려가거나 찬 물체에 닿아 뭉쳐져서 만들어진 물방울.

제 11 과 경험을 표현해요(1)

3 흉내 내는 말

✏️ 흉내 내는 말을 빈칸에 알맞게 넣어 문장을 완성하세요.

(1) 방울토마토가 ☐☐☐☐ 달려 있어요.

* 탱탱하고 둥글둥글한 모양.

(2) 미연이가 ☐☐☐☐ 웃으며 다가왔어요.

* 눈과 입을 살며시 움직여 소리 없이 정답게 자꾸 웃는 모양.

(3) 해가 산 너머로 ☐☐☐☐ 지고 있어요.

* 해가 조금씩 지는 모양.

(4) 부침개가 ☐☐☐☐ 익어 먹음직스러웠어요.

* 군데군데가 노르스름한 모양.

생글생글   노릇노릇

뉘엿뉘엿   탱글탱글

| 주렁주렁 | 재잘재잘 |
| 허둥지둥 | 그렁그렁 | 추적추적 |

(5) 늦잠을 자서 [　　　　] 집 밖으로 뛰어나왔어요.

* 정신을 차릴 수 없을 만큼 이리저리 헤매며 급하게 서두르는 모양.

(6) 아이들이 둘러앉아 [　　　　] 떠들었어요.

* 낮고 빠른 목소리로 떠들썩하게 자꾸 이야기하는 모양.

(7) 슬픈 얘기를 들으니 눈물이 [　　　　] 차올랐어요.

* 눈에 눈물이 넘칠 듯이 가득 모인 모양.

(8) 비가 [　　　　] 내려서 우산을 쓰고 길을 걸었어요.

* 비나 진눈깨비(비가 섞여 내리는 눈)가 자꾸 축축하게 내리는 모양.

(9) 감이 나무에 [　　　　] 열렸어요.

* 열매 등이 많이 달려 있는 모양.

제11과 경험을 표현해요(1)

4 이어 주는 말

이어 주는 말은 문장과 문장을 자연스럽게 연결해 주는 말입니다.

1. 그리고: 앞 문장과 뒤 문장을 나란히 이어 쓸 때에 사용합니다.

    예) 저는 공부를 잘해요. 그리고 그림도 잘 그려요.

2. 그러나: 앞의 문장과 서로 반대되거나 어긋나는 내용이 이어질 때에 사용합니다.

    예) 저는 공부를 잘해요. 그러나 달리기는 못해요.

앞에서 배운 이어 주는 말을 빈칸에 알맞게 쓰세요.

(1) 진수는 군고구마를 먹었어요. ☐ 군밤은 안 먹었어요.

(2) 주말에 만화책을 봤어요. ☐ 영화도 봤어요.

3. 그래서: 뒤 문장이 앞 문장의 결과일 때에 사용합니다.

    예) 눈이 많이 내렸어요. 그래서 길이 미끄러웠어요.

    원인 → 결과

4. 왜냐하면: 뒤 문장이 앞 문장의 원인일 때에 사용합니다.

    예) 현수가 팔을 다쳤어요. 왜냐하면 길에서 넘어졌기 때문이에요.

    결과 → 원인

✏️ **앞에서 배운 이어 주는 말을 빈칸에 알맞게 쓰세요.**

(3) 방을 청소했어요. ☐ 방이 깨끗해졌어요.

(4) 방을 청소했어요. ☐ 방이 어질러져 있었기 때문이에요.

✏️ **빈칸에 이어 주는 말을 알맞게 넣어 두 문장을 자연스럽게 연결하세요.**

(5) 사과는 빨개요. ☐ 동그래요.

(6) 저는 감기에 걸렸어요. ☐ 어제 비를 맞았기 때문이에요.

(7) 희수는 노래를 불렀어요. ☐ 현서는 안 불렀어요.

(8) 학교에 지각을 했어요. ☐ 선생님께 꾸중을 들었어요.

(9) 기분이 무척 좋았어요. ☐ 맛있는 빵을 먹었거든요.

5 비슷한말

✏️ 밑줄 친 낱말의 비슷한말을 빈칸에 쓰세요.

(1) ┌ 어머니는 오이를 따서 <u>바구니</u>에 담으셨어요.
    └ 언니는 옥수수를 | ㅅ | ㅋ | ㄹ | 에 담았어요.

(2) ┌ 아버지께서 잡아 주신 <u>덕분</u>에 넘어지지 않고 자전거를 탔어요.
    └ 잘 몰랐던 문제를 네 | 더 | 태 | 으로 풀 수 있었어.

(3) ┌ <u>물기</u>가 적어서 빵이 퍽퍽했어요.
    └ 나무뿌리는 땅속의 | ㅅ | 분 | 을 흡수해요.

(4) ┌ 정현이의 <u>예측</u>과 다르게 아버지는 화를 내지 않으셨어요.
    └ 제 | ㅇ | 사 | 보다 눈이 더 많이 내렸어요.

(5) ┌ 사람들이 <u>합심</u>해서 사고로 뒤집힌 자동차를 들어 올렸어요.
    └ 우리는 | 협 | ㄷ | 해서 교실을 깨끗이 청소했어요.

6 바르게 쓰기

 밑줄 친 말을 바르게 고쳐 쓰세요.

(1) 얼음은 녹으면 물이 <u>되요</u>.

(2) <u>샛빨간</u> 사과가 맛있어 보여요.

(3) 아기가 넘어지지 않도록 <u>붇잡아</u> 주었어요.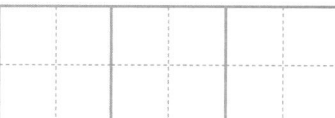

(4) 눈이 많이 내려 세상이 <u>하얏케</u> 변했어요.

(5) 비가 내려서 <u>불이나게</u> 집으로 뛰어갔어요.

  * 서둘러서 아주 급하게.

(6) 솜사탕처럼 둥글게 피어오르는 구름을
<u>뭉개구름</u>이라고 해요.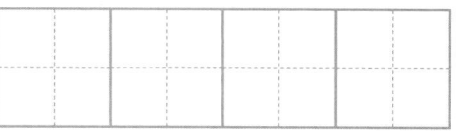

제12과 경험을 표현해요(2)

1 음식을 만들 때 쓰는 물건

 다음 그림과 설명을 보고 알맞은 낱말을 빈칸에 쓰세요.

(1)

칼로 음식의 재료를 썰거나 작게 조각낼 때 밑에 받치는 물건.

도	마

(2)

곡식을 찧거나 떡을 두들길 때 쓰는, 속이 움푹 들어간 통. 보통 나무나 돌로 만든다.

절	구

(3)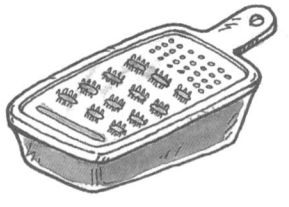

채소나 과일 등을 갈아서 즙을 내거나, 가늘고 길쭉하게 썰기 위한 기구. 표면이 거칠게 생겼다.

강	판

(4)

프라이팬에 요리할 때 음식을 뒤집는 기구.

뒤	집	개

2 꾸며 주는 말

✏️ 빈칸에 꾸며 주는 말을 알맞게 넣어 문장을 자세히 표현하세요.

(1) 숙제를 두 시간 만에 |ㄱ|ㅇ| 끝마쳤어요.

* 어렵게 힘들여.

(2) 아침에 텃밭을 보니 상추가 |ㅂ|ㅉ| 자라 있었어요.

* 무엇이 갑자기 늘어나거나 줄어드는 모양.

(3) 달고나가 입안에서 |사|ㅅ| 녹았어요.

* 눈이나 설탕 등이 자신도 모르는 사이에 사르르 녹아 버리는 모양.

(4) 선호는 재선이가 하는 말을 |ㅁ|ㅁ|히| 들어 주었어요.

* 말없이 조용하게.

(5) 우산이 없어서 |꼼|짝|없|이| 비를 맞게 되었어요.

* 현재의 상태를 벗어날 방법이 전혀 없이.

3 무슨 낱말일까요?

 빈칸에 알맞은 낱말을 넣어 문장을 완성하세요.

(1) 가족들이랑 ㅈ마노ㅈ 에 가서 감자를 캤어요.

   * 도시에 사는 사람이 땅을 빌려, 휴일에 채소를 가꿀 수 있도록 만든 농장.

(2) 아버지는 어린나무가 쓰러지지 않도록 ㅈㅈ대 를 설치하셨어요.

   * 나무나 물건 등이 꺾이거나 넘어지지 않게 받쳐 주는 막대기.

(3) 농부는 벼가 잘 자라도록 자ㅊ 를 뽑았어요.

   * 가꾸지 않아도 저절로 나서 자라는 여러 가지 풀.

(4) 지영이는 민주의 이야기에 고가 해서 고개를 끄덕였어요.

   * 남의 감정, 의견, 주장 등에 대해 자기도 그렇다고 느낌.

(5) 할아버지는 병원에서 거지 을 받으셨어요.

   * 병이 있는지 검사하고 건강 상태를 살피는 일.

✏️ 다음을 읽고, 동그라미 속 자음자로 시작하는 낱말을 빈칸에 쓰세요.

(6)
- 예 어젯밤에 늦게 잤더니 하루 내내 ㅎㅍ 이 나왔어요.
- 뜻 피곤하거나 배부를 때, 저절로 입이 벌어지면서 나오는 깊은 호흡.

(7)
- 예 책을 읽으면 ㅈㅅ 을 얻을 수 있어요.
- 뜻 어떤 대상에 대해 배우거나 체험해서 알게 된 내용.

(8)
- 예 선생님께서 규칙을 지켜야 한다고 ㄱㅈ 하셨어요.
- 뜻 어떤 부분을 특별히 강하게 주장하거나 두드러지게 함.

(9)
- 예 규민이는 끝까지 ㅂㅅ 하지 않고 경기에 집중했어요.
- 뜻 조심하지 않고 마음을 풀어 놓아 버림.

(10)
- 예 자전거를 탈 때에는 반드시 ㅇㅈㅁ 를 써야 해요.
- 뜻 머리를 보호하기 위해 쓰는 모자.

제 12 과 경험을 표현해요(2)

4 같은 소리, 다른 뜻

 글자의 모양과 소리는 같지만 뜻이 다른 낱말이 있습니다. 괄호 안에 공통으로 들어갈 낱말을 빈칸에 쓰세요.

(1) ㄱ
① 날이 추워서 말할 때마다 입에서 (　)이 나요.
  * 입에서 나오는 더운 기운.
② 심부름하러 마트에 간 (　)에 좋아하는 과자도 샀어요.
  * 어떤 일의 원인이나 기회.

(2) ㅇ
① 감기에 걸려서 (　)을 먹고 잠을 잤어요.
  * 병이나 상처를 치료하거나 예방하기 위해 먹거나 바르는 것.
② 태현이가 저를 놀리고 도망가서 (　)이 올랐어요.
  * 화가 나서 분한 감정.

(3) ㄷ ㄹ
① (　)가 아파서 잠시 앉아서 쉬었어요.
  * 동물의 몸통 아래에 붙어, 서거나 걷거나 뛰는 일을 하는 부분.
② 반대편으로 가기 위해서 (　)를 건넜어요.
  * 강, 큰길 등을 건너다닐 수 있도록 두 지점을 연결해 놓은 구조물.

(4) ㅂ ㄹ
① 가족 모두가 건강한 게 저의 (　)이에요.
  * 어떤 일이 이루어지기를 간절히 원하는 마음.
② 필통을 집에 놓고 오는 (　)에 친구에게 연필을 빌렸어요.
  * 뒷말의 근거나 원인을 나타내는 말.

5 맛을 표현하는 말

✏️ 빈칸에 맛을 표현하는 말을 알맞게 쓰세요.

(1) 참기름이 들어간 시금치나물이 무척 ㄱㅅ해요.

　* 볶은 깨, 참기름 등에서 나는 것과 같은 맛이나 냄새가 있어요.

(2) 냉면에 식초를 넣었더니 살짝 ㅐㅋ해요.

　* 입맛이 당기게 맛이 조금 셔요.

(3) 급식으로 나온 떡볶이가 ㄷ짜지ㄱ해요.

　* 약간 달콤한 맛이 있어요.

(4) 노릇노릇한 고등어구이가 ㅉㅈㄹ해요.

　* 약간 짠맛이 있어요.

(5) 도라지무침이 싸싸르해요.

　* 조금 쓴 맛이 있는 듯해요.

6 수를 세는 말

 빈칸에 수를 세는 말을 알맞게 쓰세요.

(1) 동생은 일 년 사이에 키가 두 뼘 이나 컸어요.

 * 엄지손가락과 다른 손가락을 한껏 벌려 길이를 재는 단위.

(2) 흥부는 너무 가난해서 하루에 한 끼 도 제대로 먹지 못했어요.

 * 밥을 먹는 횟수를 세는 단위.

(3) 그 부자는 집을 열 채 나 가지고 있어요.

 * 집을 세는 단위.

(4) 어머니는 밥을 지으실 때 찹쌀을 한 줌 넣으셨어요.

 * 한 손에 쥘 만한 양을 세는 단위. '주먹'의 준말.

(5) 바다에 배 한 척 이 떠 있어요.

 * 배를 세는 단위.

7 낱말 뜻풀이

✏️ **빈칸에 알맞은 말을 넣어서 밑줄 친 낱말의 뜻을 풀이하세요.**

(1) 원님은 돈을 많이 벌 <u>궁리</u>를 하느라 백성들을 제대로 돌보지 않았어요.

* 궁리: 마음속으로 이리저리 깊게 따지는 | 생 | 각 |.

(2) <u>뽀얗고</u> 반지르르한 쌀밥을 두 공기나 먹었어요.

* 뽀얗고: 빛깔이 보기 좋게 | ㅏ | ㅇ | 고 |.

(3) <u>달구어진</u> 프라이팬 위에 부침개 반죽을 부었어요.

* 달구어진: 쇠나 돌 등이 불에 닿아 | 뜨 | ㄱ | 워 | 진 |.

(4) 할머니께서 저를 <u>포근하게</u> 안아 주셨어요.

* 포근하게: 보드랍고 따뜻해 | 편 | 아 | 한 | 느낌이 있게.

(5) 아버지<u>표</u> 된장찌개는 고기가 듬뿍 들어가서 구수하니 맛있어요.

* 표: '그 사람이 | ㅁ | 든 | 물건'의 뜻을 더하는 말.

제 **12** 과 경험을 표현해요(2) 119

8 원고지 쓰기

 다음 문장을 괄호 안의 횟수만큼 띄워서 원고지에 옮겨 쓰세요.

(1) 손바닥만한공책을사왔어요. (4)

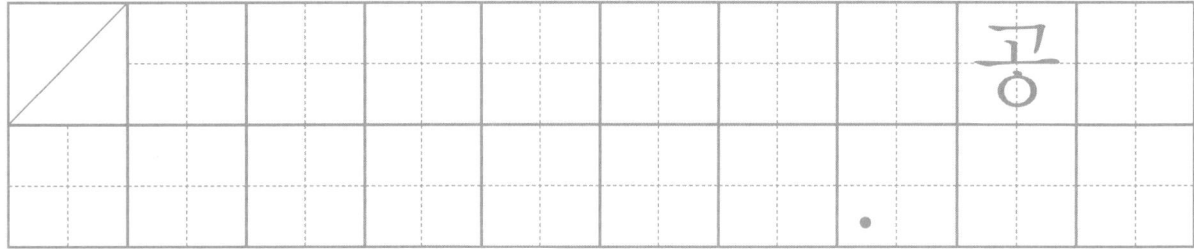

(2) 모자가연못한가운데에떨어져서주울수없었어요. (6)

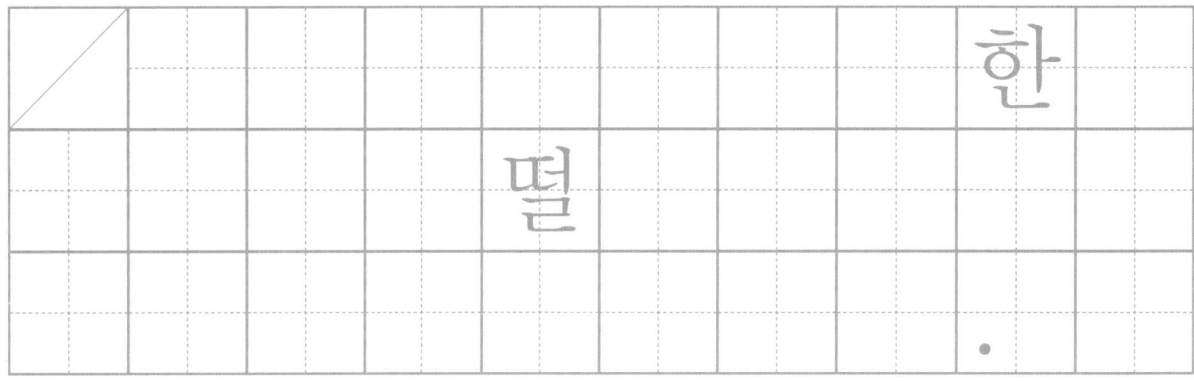

(3) 놀이터에서친구들과노느라시간가는줄몰랐어요. (6)

4차 개정판

어린이 훈민정음

기초 문법

띄어쓰기

발음

4-1

맞춤법

어린이 훈민정음 4-1
정답과 해설

본 교재는 어휘력 향상을 위해 만들었지만, 문장 하나하나도 학습에 도움이 되도록 정성을 기울였습니다. 그러므로 교재에 나오는 예시 문장을 자세히 살펴 문장 학습을 하는 데에 이용하시기 바랍니다.

본 교재는 어휘력은 물론, 맞춤법과 발음, 띄어쓰기, 기초 문법, 원고지 사용법 등을 함께 다루고 있습니다.

독서 질문을 만들며 책을 읽어요 5쪽

1. (1) 표지
   (2) 독도
   (3) 쪽지
   (4) 병풍

2. (1) 제목
   (2) 차례
   (3) 그림
   (4) 훑어
   (5) 짐작해

3. (1) 관심
   (2) 호기심
   (3) 모험
   (4) 단서
   (5) 간추려

제1과 깊이 있게 읽어요(1) 8쪽

1. (1) 홍합
   (2) 해파리
   (3) 말미잘
   (4) 바닷가재

(4) 바닷가재를 '로브스터', '랍스터'라고도 쓴다.

2. (1) 훗날
   (2) 하룻밤
   (3) 먹잇감
   (4) 무지갯빛

3. (1) 명필
   (2) 박사
   (3) 보초
   (4) 밀렵꾼
   (5) 영감
   (6) 총각
   (7) 스승
   (8) 소자
   (9) 영웅
   (10) 느림보

4. (1) 몽땅
   (2) 마냥
   (3) 진정
   (4) 미처
   (5) 물론
   (6) 무려
   (7) 이윽고
   (8) 마침내
   (9) 차분히

(10) 제각각

(11) 기필코

5. (1) 망
   (2) 과거
   (3) 무리
   (4) 고르게

6. (1) 기색
   (2) 계기
   (3) 초원
   (4) 낯선
   (5) 귀퉁이

7. (1) 껍데기
   (2) 껍질
   (3) 대왕
   (4) 대군
   (5) 알맹이
   (6) 알갱이

> (4) 조선 시대에, 임금은 본부인 한 명과 첩(본부인 외에 데리고 사는 여자) 여러 명을 두었다. 그중 본부인이 낳은 아들(적자)에게 주던 지위를 '대군', 첩이 낳은 아들(서자)에게 주던 지위를 '군'이라고 한다.

8.

	⑴방	⑵황		
		⑶소	⑷음	
⑻물	풀		⑸악	마
장		⑹농	가	
⑺수	영	장		

제2과 깊이 있게 읽어요(2) 18쪽

1. (1) 호미 — ㄴ
   (2) 호롱 — ㄱ
   (3) 항아리 — ㄹ
   (4) 사립문 — ㄷ

2. (1) 무럭무럭
   (2) 쩌렁쩌렁
   (3) 하늘하늘
   (4) 삐뚤빼뚤

3. (1) 갈등
   (2) 맹세
   (3) 장안
   (4) 급제
   (5) 꾸지람
   (6) 저주
   (7) 호들갑
   (8) 아름
   (9) 토종
   (10) 섣달
   (11) 옹기소, 옹기장

4. (1) [구지]
   (2) [해도지]
   (3) [미다지]
   (4) [가치]
   (5) [끄치]
   (6) [소치]
   (7) [다치고]
   (8) [무친]
   (9) [부처]
   (10) [구처야]
   (11) [바처]

> (1) ~ (11) 이렇게 소리 나는 현상을 '구개음화'라고 한다.

5. (1) ①
   (2) ①
   (3) ③
   (4) ②

   > 문제의 오답 풀이
   > (1) ③ 자잘하게
   > (2) ③ 꺾여요
   > (3) ① 약은
   > (4) ① 지저분한, ③ 화려한

6. (1) 동네
   (2) 결과
   (3) 자랑스럽다
   (4) 용기
   (5) 뽐내지

7. (1) 물살
   (2) 며칠
   (3) 덩굴(넝쿨)
   (4) 웬일
   (5) 가엽게(가엾게)
   (6) 둘러싸여

   > (3) '덩굴'과 '넝쿨'은 복수 표준어다.
   > (5) '가엽다'와 '가엾다'도 복수 표준어다.
   > 복수 표준어: 한 의미를 나타내는 몇 형태가 널리 쓰일 때, 규칙에 맞는 것을 모두 표준어로 인정하는 것.

8. (1)

하	늘	에		별	이		셀
수		없	이		많	아	요.

   (2)

이		미	술	관	에	는		그
림		2	천	여		점	이		전
시	되	어		있	어	요.

   (3)

정	은	이	는		인	사	를
받	는		둥		마	는		둥
그	냥		지	나	쳤	어	요.

   > (2) 점: 그림, 옷 등을 세는 단위. 단위를 나타내는 말로 쓰일 때에는 앞말과 띄어 쓴다.
   > -여: 수량을 나타내는 말 뒤에 붙어, '그 수를 넘음'의 뜻을 더하는 말.
   > (3) 둥: 무슨 일을 하는 듯도 하고, 하지 않는 듯도 함을 나타내는 말. 앞말과 띄어 쓴다.

제3과 서로 다른 의견(1) 28쪽

1. (1) 일회용
   (2) 다회용
   (3) 조리용
   (4) 호신용

   > (2) '다회용'은 표준국어대사전에는 없는 낱말이다. 하지만 교과서에 실려 문제로 다루었다.

2. (1) 주제
   (2) 뒷받침하는
   (3) 실천할
   (4) 존중하며
   (5) 장단점

3. (1) 마치
   (2) 과연
   (3) 생생히
   (4) 함부로
   (5) 오히려

4. (1) 조리법
   (2) 통컵

(3) 그림말

(4) 기억상자

(5) 자동길

> (2) '통컵'은 표준국어대사전에는 없는 낱말이다. 또 '컵'도 '잔'으로 다듬을 수 있다. 하지만 국립국어원에서 '텀블러(tumbler)'의 다듬은 말로 '통컵'을 제시하였고, 교과서에도 '통컵'으로 실려 문제로 다루었다.
> (1) '레시피(recipe)', (4) '기억상자'도 아직 표준국어대사전에는 담기지 않았다. 그러나 실생활에서 자주 쓰이거나 알아 두면 좋은 말이라서 문제로 다루었다.
> ※ 국립국어원 누리집에서 여러 다듬은 말을 찾아볼 수 있다.

5. (1) 친환경
   (2) 폐기
   (3) 배출
   (4) 온실가스
   (5) 플라스틱

6. (1) 교육
   (2) 바라는
   (3) 함께
   (4) 바꾸어
   (5) 판단

7. (1) 나도∨어머니만큼∨요리를∨잘하고∨싶다.
   (2) 이곳에서∨나보다∨키가∨큰∨사람은∨셋뿐이다.
   (3) 책은∨책대로∨연필은∨연필대로∨가지런히∨놓았다.
   (4) 서로∨얼굴만∨쳐다볼∨뿐∨아무도∨말하지∨않았다.
   (5) 듣던∨대로∨서영이는∨그림을∨놀랄∨만큼∨잘∨그렸다.
   (6) 구천팔백칠십육
   (7) 이만 삼천사백오십육(2만 3456)
   (8) 이천사백이십사만 이천이백사십이 (2424만 2242)
   (9) 사억 오천육백칠십팔만 구천이백십삼 (4억 5678만 9213)
   (10) 삼십사억 오천육백칠십팔만 구천삼백이십일 (34억 5678만 9321)

> (9) '10, 100, 1000' 등을 한글로 적을 때, '십, 백, 천'이라고도 쓰지만 숫자를 정확히 나타내려고 할 때에는 '일십, 일백, 일천'이라고도 쓸 수 있다.

8.

	(1)애		(7)촬	(6)영
(2)비	교			양
늣			(5)반	사
방		(4)정	복	
(3)울	타	리		

제4과 서로 다른 의견(2)   37쪽

1. (1) ③
   (2) ⑤
   (3) ①
   (4) ③
   (5) ②

> 여기서, 다른 여러 낱말을 포함하는 말을 '상위어', 한 낱말에 포함되는 말을 '하위어'라고도 부른다.

2. (1) 개교
   (2) 등교
   (3) 관람
   (4) 관광
   (5) 참가자
   (6) 사회자

3. (1) 인공 지능
   (2) 가상 현실
   (3) 증강 현실
   (4) 자율 주행
   (5) 빅 데이터

   > (3) 증강 현실, (4) 자율 주행, (5) 빅 데이터는 아직 표준국어대사전에 실리지 않았다.

4. (1) 절약
   (2) 훼손
   (3) 공익
   (4) 운영
   (5) 추첨
   (6) 개방
   (7) 생산
   (8) 비용
   (9) 여유
   (10) 가정
   (11) 감수

5. (1) 길
   (2) 기사
   (3) 마루
   (4) 따라

6. (1) 조상
   (2) 보존
   (3) 첨성대
   (4) 지형
   (5) 무형유산

7. (1) 애정
   (2) 친숙한
   (3) 구입해
   (4) 권리
   (5) 입체

8. (1)

| | 매 | 주 | | 한 | | 명 | 씩 | | 돌 |
| 아 | 가 | 면 | 서 | | 정 | 하 | 자 | . | |

(2)

	그	렇	게		서	두	르	면	
될		일	도		안		되	고	
말		거	예	요	.				

(3)

	너	무		기	대	하	다		보
면		어	쩔		수		없	이	
실	망	도		하	게		돼	요	.

제5과 자세하게 살펴요(1)   46쪽

1. (1) 김치
   (2) 잡채
   (3) 비빔밥
   (4) 불고기

2. (1) 구체적
   (2) 대표적
   (3) 체계적
   (4) 객관적

3. (1) 중심
   (2) 의상
   (3) 근거
   (4) 빨래
   (5) 달아나요
   (6) 한참
   (7) 구르며
   (8) 수정한
   (9) 마련한
   (10) 삭제해요

4. (1) 입구
   (2) 곡선
   (3) 연한
   (4) 걷고
   (5) 전체적
   (6) 추하게
   (7) 연결하고
   (8) 녹아요
   (9) 싱거워요
   (10) 또렷하게(뚜렷하게)
   (11) 감추었어요

5. (1) 돼
   (2) 했어요
   (3) 이 애(얘)
   (4) 뭣을(뭘)
   (5) 골고루
   (6) 오랜만에

> (3) '얘'는 '아이'가 '애'로 줄어든 뒤, 다시 '이'와 '애'가 줄어든 말이다.
> (4) '뭘'도 '무엇'이 '뭣'으로 줄어든 뒤, 다시 '뭣'과 '을'이 줄어든 말이다.

6. (1) 빙빙
   (2) 바짝
   (3) 간략히
   (4) 촘촘히
   (5) 은근히

7. (1) 바깥
   (2) 숱한
   (3) 가르쳐
   (4) 엄연히
   (5) 흐뭇한
   (6) 군데군데

제6과 자세하게 살펴요(2) 55쪽

1. (1) 접시
   (2) 화단
   (3) 거미
   (4) 돋보기

2. (1) 연필
   (2) 붓
   (3) 볼펜
   (4) 지우개
   (5) 수정액

3. (1) 냄새
   (2) 이유
   (3) 피부
   (4) 책
   (5) 낱말

4. (1) 관찰
   (2) 뼈대
   (3) 연필심
   (4) 싹
   (5) 전문가
   (6) 수집
   (7) 출처
   (8) 고려
   (9) 보고
   (10) 파악
   (11) 마음먹은

5. (1) 과일(열매)
   (2) 색깔(색, 빛깔)
   (3) 직업
   (4) 과목(교과목)
   (5) 무, 배추, 상추, 깻잎, 감자 등
   (6) 연필, 샤프, 지우개, 공책, 가위 등

(7) 장미, 개나리, 진달래, 무궁화, 코스모스 등
(8) 널뛰기, 제기차기, 강강술래, 윷놀이, 연날리기 등

(5) ~ (8)은 문제에서 제시한 낱말에 포함되는 것은 모두 정답으로 처리한다.

(1) '꿈같다'는 한 낱말이므로 붙여 쓴다.
(2) '같이'에는 두 가지 쓰임이 있다.
  ① '앞말의 특징처럼'의 뜻으로 쓰일 때에는 앞말과 붙여 쓴다.
  ② '여럿이 함께'의 뜻으로 쓰일 때에는 앞말과 띄어 쓴다.

6. (1) 재고
   (2) 담아
   (3) 파고드니
   (4) 문지르며
   (5) 보관하고

7. (1) 자국
   (2) 자극
   (3) 곧게
   (4) 곱게
   (5) 깎아
   (6) 꺾어

8. (1)
/	어	젯	밤	에		있	었	던
일	이		마	치		꿈	같	아 요.

(2)
/	저	는		공	주	같	이		예
쁜		민	지	와		같	이		떡
볶	이	를		먹	었	어	요.

(3)
/	길	을		잘		몰	라	서
네	가		가	라	는		대	로
갈		수	밖	에		없	어.

매체 인터넷에서 자료를 찾아요 64쪽

1. (1) 검색
   (2) 아이디
   (3) 주소창
   (4) 누리집
   (5) 온라인

2. (1) 예방
   (2) 핵심
   (3) 야간
   (4) 직접
   (5) 야외

3. (1) 간격
   (2) 메모
   (3) 효력
   (4) 작성자
   (5) 권위
   (6) 특산물
   (7) 한살이
   (8) 기피제
   (9) 선정
   (10) 정보 무늬
   (11) 빛낸

(10) '정보 무늬'는 'QR 코드'를 다듬은 말이다. 아직은 표준국어대사전에 실리지 않았다. 하지만 교과서에 실려 문제로 다루었다.

제7과 뜻을 파악하며 읽어요(1) 68쪽

1. (1) 몸살
   (2) 진찰
   (3) 염증
   (4) 보건실
   (5) 청진기

2. (1) ③
   (2) ①
   (3) ②
   (4) ②

> 문제의 오답 풀이
> (1) ① 반대말(반의어), ② 다의어
> (2) ③ 터무니없는
> (3) ① 자세하게, ③ 장황하게
> (4) ① 훌륭히, ③ 침착히

3. (1) ㅈ → ㅣ → ㅂ
   (2) ㅎ → ㅏ → ㄱ → ㄱ → ㅛ
   (3) ㄷ → ㅗ → ㅅ → ㅓ → ㄱ → ㅘ → ㄴ
   (4) 차 → 차례 → 책 → 충신 → 친구 → 친척
   (5) 기러기 → 노을 → 눈물 → 도둑 → 토끼 → 포도

4. (1) 헷갈려
   (2) 삐져요
   (3) 메워서
   (4) 터뜨려요
   (5) 간지럽히며

5. (1) 배
   (2) 자신
   (3) 시장
   (4) 붓고

6. (1) 틀려요
   (2) 달라요
   (3) 가리켜요
   (4) 가르쳐요
   (5) 늘려
   (6) 늘여

> (3), (4) '가리키다'나 '가르치다'를 '가르키다', '아르키다' 등으로 쓰는 경우가 있지만, 이것은 모두 맞춤법에 어긋나는 표기다.

7. (1) 무조건
   (2) 순식간
   (3) 싱싱한
   (4) 획기적
   (5) 두둑해진

> (5) 두둑하다: ① 매우 두껍다.
> ② 넉넉하거나 풍부하다.
> ③ '두두룩하다(가운데가 솟아서 불룩하다)'의 준말.
> 여기서는 ③의 뜻으로 쓰였다.

8. (1) 혜택
   (2) 머릿속
   (3) 굶주린
   (4) 부쳤어요
   (5) 흩어져
   (6) 센티미터

제8과 뜻을 파악하며 읽어요(2) 77쪽

1. (1) 홍수
   (2) 가뭄
   (3) 지진
   (4) 해일

(5) 황사

(4) 흔히 사용하는 '쓰나미'는 '지진 해일(지진에 의해 발생하는 해일)'의 일본어 표현이다.

2. (1) 단정
   (2) 해석
   (3) 실천
   (4) 곤란
   (5) 동점
   (6) 그물
   (7) 유행
   (8) 신경
   (9) 반창고

3. (1) 탐스럽다
   (2) 촌스럽다
   (3) 자랑스럽다
   (4) 자연스럽다
   (5) 먹음직스럽다

4. (1) 환기
   (2) 기발한
   (3) 간추려서
   (4) 오해
   (5) 존중하고

5. (1) ①
   (2) ②
   (3) ①
   (4) ②
   (5) ②
   (6) ①
   (7) ③

6. (1) 방울방울
   (2) 적은
   (3) 한쪽
   (4) 미리
   (5) 쌓는

7. (1) 적절히
   (2) 충분히
   (3) 깨끗이
   (4) 깊이
   (5) 자세히
   (6) 뚜렷이

8. (1)

| | 이 | 것 | 은 | | 아 | 픈 | | 데 |
| 먹 | 는 | | 약 | 이 | 에 | 요 | . | |

(2)

	입	안	이		얼	얼	해	서
더		이	상		먹	을		수
없	을		것		같	아	요	.

(3)

	뒷	집	에		사	는		재	규
와		함	께		저	희		집	
앞	에		꽃	을		심	었	어	요.

제9과 말과 글로 전하는 생각(1) 86쪽

1. (1) 담요
   (2) 폭죽
   (3) 교탁
   (4) 연꽃

2. (1) 짜릿해요
   (2) 뿌듯해요
   (3) 허전해요
   (4) 후련해요
   (5) 조마조마해요

3. (1) 수면
   (2) 절벽
   (3) 정전
   (4) 상가
   (5) 책장
   (6) 암벽
   (7) 오해
   (8) 멸종
   (9) 서식지

4. (1) 도넛
   (2) 케첩
   (3) 헬멧
   (4) 스웨터
   (5) 프라이팬

   (5) '프라이팬(frypan)'을 '후라이팬'이라고 쓰는 경우가 있지만, 이는 잘못된 표현이다. 외래어 표기법에서 'F'는 'ㅍ'으로 표기한다.

5. (1) 알근달근
   (2) 마수걸이
   (3) 시나브로
   (4) 안다미로

6. (1) 술술
   (2) 살살
   (3) 꼬깃꼬깃
   (4) 우물쭈물
   (5) 흘끔흘끔(흘끗흘끗)

7. (1) 긍지
   (2) 견디고
   (3) 이륙해
   (4) 다정하게
   (5) 판매해요

8. (1) 까맣게
   (2) 열여덟
   (3) 어쨌든
   (4) 다행히
   (5) 솟아나서
   (6) 여쭤보고

제10과 말과 글로 전하는 생각(2) 95쪽

1. (1) 갈매기
   (2) 앵무새
   (3) 꿩
   (4) 수리부엉이

2. (1) 사연
   (2) 줄거리
   (3) 인상
   (4) 다짐한
   (5) 제목

3. (1) 문득
   (2) 괜히
   (3) 영원히
   (4) 곰곰이
   (5) 어렴풋이

4. (1) 한창
   (2) 한참
   (3) 공동
   (4) 공공
   (5) 벌리고
   (6) 벌이고

5. (1) 이틀
   (2) 사흘
   (3) 나흘

(4) 닷새
(5) 엿새
(6) 이레
(7) 여드레
(8) 아흐레

6. (1) 왠지
   (2) 결심한
   (3) 틀림없이
   (4) 조사했어요
   (5) 울렁거려요

> (1) '왠지'를 '웬지'로 쓰는 경우가 있지만, 이는 잘못된 표현이다. '왠지'는 '왜인지'가 줄어든 말이다.

7. (1) 어류
   (2) 조류
   (3) 양서류
   (4) 파충류
   (5) 포유류

8. (1) 불안해
   (2) 사나워
   (3) 던지고
   (4) 조용한
   (5) 짧은

9. (1)

/	책	을		한		권	씩		나
누	어		줄		거	예	요	.	

(2)

/	숨	을		제	대	로		쉴	
수		없	을		정	도	로		긴
장	되	는		일	이	었	어	.	

(3)

/	한		번		더		말	하	지	∨
않	을		테	니	까		주	의		
깊	게		잘		들	어	야		해	.

> (1) '거(것)', (2) '수', (3) '터' 같은 말은 앞말과 띄어 쓴다.
> (3) '테니까'는 '터이니까'의 준말이다.

제11과 경험을 표현해요(1) 104쪽

1. (1) 설명
   (2) 설득
   (3) 연설

2. (1) 실감
   (2) 감각
   (3) 각오
   (4) 명찰
   (5) 찰나
   (6) 나들이
   (7) 이슬

3. (1) 탱글탱글
   (2) 생글생글
   (3) 뉘엿뉘엿
   (4) 노릇노릇
   (5) 허둥지둥
   (6) 재잘재잘
   (7) 그렁그렁
   (8) 추적추적
   (9) 주렁주렁

4. (1) 그러나
   (2) 그리고
   (3) 그래서

(4) 왜냐하면
(5) 그리고
(6) 왜냐하면
(7) 그러나
(8) 그래서
(9) 왜냐하면

5. (1) 소쿠리
   (2) 덕택
   (3) 수분
   (4) 예상
   (5) 협동

6. (1) 돼요
   (2) 새빨간
   (3) 붙잡아
   (4) 하얗게
   (5) 부리나케
   (6) 뭉게구름

> (1) '돼요'는 '되어요'의 준말이다.

제12과 경험을 표현해요(2) 112쪽

1. (1) 도마
   (2) 절구
   (3) 강판
   (4) 뒤집개

2. (1) 겨우
   (2) 부쩍
   (3) 살살
   (4) 묵묵히
   (5) 꼼짝없이

3. (1) 주말농장
   (2) 지지대
   (3) 잡초
   (4) 공감
   (5) 검진
   (6) 하품
   (7) 지식
   (8) 강조
   (9) 방심
   (10) 안전모

4. (1) 김
   (2) 약
   (3) 다리
   (4) 바람

5. (1) 고소해요
   (2) 새큼해요
   (3) 달짝지근해요
   (4) 짭조름해요
   (5) 쌉싸름해요

> (4) '짭조름하다'를 '짭쪼름하다'라고 쓰는 경우가 있지만, 이는 잘못된 표기다.

6. (1) 뼘
   (2) 끼
   (3) 채
   (4) 줌
   (5) 척

> 단위를 나타내는 말은 수를 나타내는 말과 띄어 쓴다. 다만, 다음 두 경우에는 붙여 쓸 수도 있다.
> ① 순서를 나타내는 경우.
>   예 열두시 삼십분, 제칠과, 육학년, 삼층
> ② 숫자와 함께 쓰는 경우.
>   예 12시 30분, 500원, 100미터, 3개

7. (1) 생각

(2) 하얗고

(3) 뜨거워진

(4) 편안한

(5) 만든

8. (1)

| | 손 | 바 | 닥 | 만 | | 한 | | 공 | 책 |
| 을 | | 사 | 왔 | 어 | 요 | . | | | |

(2)

	모	자	가		연	못		한	가
운	데	에		떨	어	져	서		주
울		수		없	었	어	요	.	

(3)

	놀	이	터	에	서		친	구	들
과		노	느	라		시	간		가
는		줄		몰	랐	어	요	.	

(1) 만 하다: 앞말이 어느 정도 됨을 나타내는 말.
  예 배가 수박만 하다.
  만하다: ① 어떤 대상이 어떤 행동을 할 이유가 있음을 나타내는 말.
  예 이 음식은 한 번쯤 먹을 만하다.
  ② 앞말의 행동이 가능함을 나타내는 말.
  예 참을 만하다.

잘라세요